성공하는 결혼생활의 7가지 습관

The 7 Habits of Highly Effective Marriage

by Stephen R. Covey with Sandra Covey, John M.R. Covey, Jane Covey
Copyright © 2020 Gabal Verlag GmbH

Korean Translation Copyright © 2021 by The Forest Book Publishing Co.
Korean edition is published by arrangement with Gabal Verlag GmbH, Offenbach through BC Agency, Seoul.

The 7 Habits of Highly Effective Marriage

스티븐 코비의
변하지 않는 결혼과 사랑의 법칙

성공하는
결혼생활의
7가지 습관

스티븐 코비 외 지음 | 박홍경 옮김

더숲

존 코비와 제인 코비

세월이 흘러도 변하지 않는
관계에 대한 원칙

지난 25년 동안 아시아·유럽·미주를 비롯한 전 세계를 다니면서 《성공하는 가족들의 7가지 습관》에서 제시해온 원칙과 개념을 가르쳐왔다. 그 과정에서 우리가 가장 자주 받은 질문은 무엇이었을까? 그것은 결혼 여부를 떠나 보람과 좌절이 공존하는 '가족'이라는 울타리 안에 있는, 두 성인 동반자 간의 역동적인 관계에 대한 질문이었다. 매우 구체적이고도 열정적이었다. 이러한 경험을 하면서 우리가 얻은 내용을 독자들과 공유하고 싶다는 생각이 들었다.

독자들과 나누고 싶은 가장 직접적인 진실은 가족이나 결혼을 규정할 수 없다는 것이다. 결혼으로 맺어진 사람들도 있고 그렇지 않은 경우도 있지만, 모두 가족이라는 단위의 성공을 위해 노력한다. 어떤 상황에 있든 그것을 설명하는 단어 자체가 중요한 것은 아니다. 정말 중요한 것은 사랑하는 사람들, 날마다 서로 부대끼면서 살아가는 사람들의 성공이다. 누구와 동반자 관계를 맺는지, 가족의 구성이 어떤지는 중요하지 않다. 중요한 것은 두 정신과 두 마음이 사랑, 헌신, 가족 성공에 대한 공통된 비전으로 묶여 있다는 데 동의한다는 점이다.

모든 문화에서 알 수 있듯이 가족이 단지 한 집에 함께 사는 집단만을 의미하는 것은 아니다. 가족은 형태나 규모와 관계없이 성스럽다. 가족은 신성하기 때문에 우리 성인 동반자들은 가족이 행복하며 성취감을 느끼고 건강한 삶을 살 수 있도록 모든 것을 쏟아부어야 한다고 생각한다. 이러한 성공하는 가족 관계는 개인의 행복은 물론이고 사회와 미래의 행복에도 중요하다.

동반자를 성공하도록 만들거나 성공하지 못하게 만드는 요인이 무엇인지 묻는 사람도 있을 것이다. 우리 모두에게 적용되는 올바른 성공 원칙이라는 것이 존재하기는 할까? 답은 '예스!'다. 이 책에 소개된 성공의 습관은 효과를 발휘하며 독자가 어떤 환경에 있든 도움이 될 것이다.

〈관계 맺도록 태어난 인간Hardwired to Connect〉이라는 제목의 과학적 연구가 몇 년 전에 발표된 적이 있다. 그 연구에서 최고의 인간관계 연구자들은 왜 우리가 현재의 행동양식을 갖게 되었는지, 정서적으로 풍요를 누리기 위해 필요한 것이 무엇인지를 설명한다. 결론은 신체적인 생존 다음으로 인간에게 필요한 것은 바로 관계를 맺고자 하는 욕망이라는 것이다. 사실 다른 사람과 관계를 맺고 이를 유지하는 사람들이 더 오래, 더 행복한 삶을 사는 것으로 입증된 바 있다.

관계와 가족의 문제는 가만히 둔다고 사라지지 않는다. 오히려 문제를 오래 끌수록 더 복잡해진다. 따라서 문제를 처리하는 것 자체가 아니라 문제를 어떻게 처리하는지가 중요하다. 이것이 관계를 행복하게 만들 수도, 불행하게 만들 수도 있다. 우리는 관계를 종종 비행기에 빗대어 말한다. 비행기에는 언제나 분명한 목적지, 비행 계획, 궤도를 유지하도록 도와주는 장치가 있다. 관계도 마찬가지다. 우리가 이러한 세 가지 요소를 갖춘다면 관계에서 성공할 것이다. 7가지 습관은 가장 만족스럽고 단단한 관계를 맺기 위한 비행 계획이다.

이 책에서는 세월이 흘러도 변하지 않는 관계에 대한 원칙을 설명하고 살펴보며, 한 걸음 더 나아가 성공적인 관계를 맺기 위한 방법을 알아본다. 이 책은 헌신적인 관계로 연결되어 있는 사람들의 지혜로 가득하다. 성공적인 사람들의 원칙은 여러분과 동반자가 국적, 환경과 관계없이 풍요로운 삶을 살 수 있도록 도와줄 것이다.

이 놀라운 책에서는 스티븐 코비와 그의 아내 샌드라 코비,

두 사람의 자녀들, 다른 가족들이 7가지 습관을 어떻게 실천해 나가고 있는지를 설명해준다.

나는 스티븐 코비의 동생으로, 평생을 형과 함께해왔다. 서문의 공동 집필자인 나의 아내 제인 역시 형이 내 인생에 어떤 영향을 미쳤는지 지켜봐왔다. 스티븐과 샌드라가 맺어온 행복하면서도 헌신적인 관계가 아래 세대들에게 어떤 영향을 미치는지도 확인했다. 그들이 우리의 인생과 결혼에도 선한 영향을 미친 것에 감사드린다. 두 사람은 언제나 성공적이고 행복하며 진정한 동반자 관계를 보여주는 훌륭한 본보기라고 자신 있게 말할 수 있다.

이 책이 여러분과 여러분의 동반자 모두를 위한 책이라는 점을 잊지 말고 즐겁게 읽어주기를 바란다.

"인생의 긍정적인 변화는
배운 것을 실천할 때 비로소 가능하다.
무언가를 배우고도 행동하지 않는 것은
아무 소용이 없다."

스티븐 코비

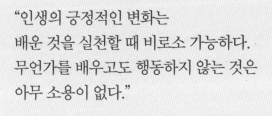

스티븐 코비

사랑은
행동에서 시작된다

가정·결혼·가족에 7가지 습관을 적용하기 위해 새로운 책을 찾아주신 여러분을 환영한다. 건강한 결혼과 가족은 문명의 기초이자 사회의 구성 요소다. 우리가 느끼는 가장 큰 기쁨과 행복이 가정과 가족에 있다고 믿는다. 또한 우리가 앞으로 해나갈 가장 중요한 일도 가정에 있다고 생각한다.

전 영부인 고故 바버라 부시는 웰즐리 칼리지 졸업생들에게 다음과 같은 멋진 연설을 남겼다.

"의사, 변호사, 기업 경영자로서의 의무 못지않게 중요한 것이 인간으로서의 의무이며, 배우자·자녀·친구와의 인간관계를 풍성하게 만드는 것은 여러분이 앞으로 할 수 있는 가장 중요한 투자입니다. 삶을 마칠 때 더 많은 시험에 합격하지 못한 것, 더 많은 소송에서 승리하지 못한 것, 더 많은 계약을 성사시키지 못한 것을 후회하지 않습니다. 남편·아내·친구·부모님과 더 많은 시간을 보내지 못한 것을 후회하게 됩니다. 사회 구성원으로서 우리의 성공은 백악관에서 벌어지는 일이 아닌 우리 집에서 일어나는 일에 달려 있습니다."

사회 구성원으로서 삶의 다른 모든 영역에서는 성실하게 일하면서 가장 중요한 관계인 배우자와 가족을 무시한다면, 마치 기울어지는 타이타닉호 갑판에서 의자를 바로 세우려고 노력하는 것과 마찬가지라고 확신한다. 유엔 사무총장을 지낸 다그 함마르셸드는 "대중의 구원을 위해 열심히 일하는 것보다 한 사람에게 나 자신을 완전히 바치는 것이 더 고귀하다"라고 말했다. 아내는 이 구절을 내게 종종 들려준다.

사람들에게는 보편적인 욕구가 있다. 안전하고 인정받고 존중받고 용기를 얻고 사랑받기를 원한다. 이러한 욕구는 연인, 아내와 남편, 부모와 자녀의 관계에서 충족될 수 있다. 그러므로 가정 구성원이 실패하거나 이러한 욕구를 채우지 못하는 것은 비극이 아닐 수 없다. 모든 인간의 상호작용을 지배하는 어떤 기본 원칙이 있다. 그리고 그러한 원칙이나 자연법에 따라 조화를 이루는 삶은 바람직한 가정생활에 반드시 필요하

서문_스티븐 코비

다. 나는 지난 50년 동안 결혼과 가정의 상황이 강력하면서도 역동적으로 변화하는 모습을 지켜봤다.

다음과 같은 변화에 대해 생각해보자.

한부모에게 태어난 아이들이 400퍼센트 넘게 증가했다.
한부모가 이끄는 가정이 3배 증가했다.
이혼율이 2배 넘게 증가했다.
10대 자살률이 300퍼센트 가까이 증가했다.

지난 50년 동안 가족 단위에 일어난 일을 생각해보면 놀랍고도 두렵다. 위대한 역사학자인 아널드 토인비는 전체 역사를 하나의 단순한 개념으로 요약할 수 있다고 주장했다.

"성공만큼 큰 실패는 없다." 다시 말해 도전에 맞먹는 응전이 일어난다면 성공이라고 할 수 있다. 하지만 도전이 변하면 이전의 성공적인 응전은 더 이상 먹히지 않는다. 사회로부터의 도전이 변해 가정과 동반자 관계에 영향을 미치고 있으므로 우리는 새로운 도전에 맞는 응전을 개발해야만 한다.

끈끈한 동반자 관계와 가정을 만들겠다는 바람만으로는 충분하지 않다. 새로운 사고방식, 새로운 능력, 새로운 도구로 변화에 대처해야 한다. 도전이 비약적 수준으로 변화했으므로 우리 역시 비약적 수준으로 변화를 감내해야만 성공적으로 응전할 수 있다.

7가지 습관 프레임워크는 그러한 사고방식과 능력을 나타낸다. 많은 부부와 가족이 7가지 습관의 원칙을 활용하여 더 끈끈한 관계를 만들고 그것을 순조롭게 유지하고 있다.

나와 50여 년을 함께한 멋진 아내 샌드라와 동생 존, 그의 아내인 제인이 우리 삶에 입증된 원칙을 어떻게 적용할 것인가에 대한 통찰력과 개인적인 경험을 들려줄 것이다. 이 책을 읽으면서 독자들에게 울림이 있기를 바란다. 독자들이 책에 소개된 원칙을 결혼, 동반자 관계, 가정에 적용하는 데 도움이 되기를 희망한다. 우리 가정이 그랬듯이.

서문_스티븐 코비

샌드라 코비

좋은 관계에는
유머가 필요하다

나는 스티븐 코비의 아내 샌드라 코비다. 가정을 이끌어가는 두 동반자에 대해 이야기하게 되어 기쁘다. 많은 가정이 공식적이고 합법적인 형태를 보이지만 그렇지 않은 가정도 있다. 두 성인이 합의와 이해에 따라 가정을 이루는 경우도 있으며, 이들에게 자녀가 있을 수도 있고 없을 수도 있다. 두 사람이 전혀 다른 가정에서 자라나고 성장 배경은 물론 행동 방식, 관점과 문제 해결 방식, 소통 방식, 가정 경제를 꾸리고 아이를 양육하는 방식이 모두 다를 수밖에 없는데, 그토록 무수한 동반자 관계가 제대로 기능한다는 점을 생각해보면 놀랍기까지 하다.

한 가지 자신 있게 말할 수 있는 사실은 스티븐과 결혼생활

14

을 하면서 지루할 틈이 한 번도 없었다는 것이다. 언제나 남편은 신나고 흥미로운 여러 가지 활동을 한다. 문득 어머니, 아버지가 손을 잡고 아이스크림 가게로 아이스크림을 사러 가던 모습이 기억난다. 두 분은 아이스크림을 사와서는 현관 앞에 놓인 벤치에 앉아 이웃들과 나눠 먹으며 담소를 나누곤 하셨다. 스티븐과 나는 그런 삶을 한 번도 살지 못했기에 그에게 "우리가 누리던 좋은 시절은 다 어디로 갔을까요? 그때는 당신에게 여유 시간도 있었고 중압감에 시달리지도 않았잖아요?"라고 묻곤 했다.

그렇더라도 인생은 아름다우며 서로에게 배우고 자녀가 성장하여 자신의 가정을 꾸리고 나름의 즐거운 삶을 이어나가는 모습을 지켜보는 건 멋진 일이다. 그래서 나는 결혼에 대해 긍정적인 생각을 갖고 있다. 성공적인 결혼생활을 하고 많이 배우며 이기적인 모습을 버리고 베풂과 사랑이 넘치는 삶을 살기 위해서는 우리 모두 부단히 노력해야 한다. 이는 더 나은 사람으로 성장하는 훌륭한 방법이다.

다른 가족, 다른 삶의 방식

결혼 초 가장 힘들었던 점은 친정에서 했던 방식이 옳은 것

　　　　　　　　　　　　　　서문_샌드라 코비

이 아니었다는 생각이 들면 마치 친정 식구들을 배신한 듯한 기분이 들었던 점이다. 여러 해가 지나서야 가정마다 방식이 서로 다르다는 사실을 깨달았다. 이러한 깨달음을 통해 성장할 수 있으며 부모님이 했던 방식이 아닌 나와 나의 동반자가 함께 해나갈 방식을 선택할 수 있다.

신혼 초 우리는 보스턴으로 이사했고 스티븐은 학교에 다녔다. 그러다 아이가 생겨서 1년 정도 후에 원래 살던 곳으로 돌아왔다. 이사를 한 첫 주에 시어머니로부터 온 전화가 기억난다.

"돌아와서 기쁘구나. 스티븐은 아덴 우유를 마시고 자랐고 우리 집에는 그 우유가 항상 있었지. 신문은 〈데저릿 뉴스〉를 구독했단다."

그 말에 나는 "알려주셔서 감사해요"라고 답했다. 얼마 후에는 친정어머니로부터 전화가 왔다.

"너는 원더 우유를 먹고 자랐잖니. 늘 〈트리뷴〉을 읽었고 말이야."

우리는 타협점을 찾아야 했고, 클로버 리프 우유와 〈데일리 헤럴드〉를 구독하는 것으로 합의를 봤다.

그런 타협은 멋진 경험이었고 결혼한 우리 아이들에게 "각자의 가정에서 가장 좋은 점을 선택해서 실천하려무나. 우리 집에서 하던 방식을 따를 필요도 없고, 너희 두 사람이 좋다고 생각하는 방식대로 하면 되는 거란다"라고 말할 수 있었다.

나는 무척 개방적이고 사교적이며 날마다 입맞춤과 포옹으로 애정을 표현하던 가정에서 자라났다. 서로에게 비밀이 없었고 식구들에게 일어난 모든 소식을 속속들이 알았다. 누군가가 다른 식구에게 화가 났다면 상대도 이를 알고 있었다. 반면 스티븐의 가정은 개인적인 분위기가 강했으며 누가 내게 화가 났는지도 알지 못했고 각자 자기 일에 몰두하는 방식이었다. 두 가족이 보이는 이 대비가 흥미롭지 않은가? 스티븐은 늘 나의 말수를 줄이려고 했고 나는 항상 그에게서 더 많은 대화를 이끌어내려고 애썼다.

다른 사람의 장점을 활용하라

스티븐은 무척 대담한 사람이다. 사냥을 하고 배를 타고 수상스키를 즐기는가 하면, 한밤중에 호수에서 다이빙을 하고 ATV(험한 지형에서도 잘 달리게 만든 사륜 바이크)와 오토바이 타는 것을 즐긴다. 결혼하고 몇 년 동안은 "배를 타면 물에 빠질 위험이 있고, 등산을 가면 떨어질 위험이 있단다!"라는 친정어머니의 말이 내 머리에 맴돌았다(사실 지금도 그렇다). 우리는 각자 한 개인으로 존재하면서도 원팀으로 협력하기 위해 몇 가지 약속을 했다. 자녀들이 원하는 일을 하도록 허락하고 배우자의 스타일과 방식을 지지해주기로 말이다.

나는 연극, 발레, 오페라 등의 예술을 좋아해 종종 표를 예매해 관람하러 가는 반면, 스티븐은 농구, 축구를 비롯한 각종 스포츠를 즐기고 모두가 함께 참여하기를 바란다. 이렇게 서로 다른 모습이었지만 접점을 찾을 수 있었다. 아들들이 어릴 때는 교향곡을 감상하러 갈 때 맡길 곳이 없어 데려가야만 했는데 10대가 되어 여자친구가 생기자 아들들도 교향곡을 들으며 데이트하는 것이 좋은 아이디어라고 생각하게 되었다. 아들의 여자친구들도 발레나 연극 공연에 초대받는 것을 진심으로 좋아했고 서로 표를 차지하기 위해 경쟁을 벌일 정도여서 뿌듯한 마음이 들었다.

이렇듯 가정마다 살아가는 방식이 서로 다르다. 우리가 그런 다양한 선택지에서 고를 수 있다는 사실을 알아야 한다. 부모님이 우리를 키울 때 했던 결정을 그대로 따를 필요가 없으며 선택에 따라 서로의 방식을 받아들이면서 상대방에게 중요한 것이 무엇인지 파악하면 된다.

공감하며 소통하는 것이 가장 중요

우리는 서로 소통하는 방법을 배웠다. 스티븐은 어디에 있든 하루에도 여러 번 내게 전화를 건다. 얼마 전 중국·싱가포르·홍콩에 갔을 때도 "어떻게 지내고 있어요?"라는 전화가 걸려왔다. 나는 "지금 여기는 새벽 3시예요"라고 답했다.

우리가 정말 좋아했던 일 중 하나는 작은 혼다 오토바이를 타고 날마다 얼마간이라도 시간을 보내는 것이다. 그 시간만큼은 휴대전화와 아이들에게서 떨어져 직접 사람을 만나 대화를 나누며 이웃들을 알아갈 아주 좋은 기회다. 겨울에는 스노모빌을 활용하기도 한다. 그런 시간을 갖는 것은 혼자든 함께든 바람직한 경험이다.

하와이에 살 때는 해변에 가서 몇 시간이고 둘이 이야기를 나누었다. 어떤 문제라도 배우자에게 자신의 고민과 걱정거리를 털어놓고 대화하면 한결 기분이 나아진다. 문제는 밖으로 드러내 말하지 않으면 더 큰 어려움을 불러온다. 스티븐은 안 좋은 감정은 표현하지 않으면 절대 사라지지 않으며 더 나쁜 방식으로 돌아온다는 점을 내게 상기시키곤 한다. 이는 가정에도 동일하게 적용된다. 안전한 환경에서 서로에게 걱정을 털어놓는 방법을 터득해야 한다.

앞서 말했듯 여행이 잦은 스티븐은 여행 중 가족이 그리워

서문_샌드라 코비

하루에도 몇 번씩 전화한다. 아이들이 성장한 후에는 저녁마다 아이들 한 명 한 명에게 전화를 걸어서 "어떻게 지내니? 오늘은 어떤 하루였니? 요즘 너에게 어떤 일이 있는지 아빠에게 말해줄래?"라고 묻는다. 때로는 이미 5~10분 통화를 했는데도 아이들과 영화를 보는 중에 스티븐으로부터 또 전화가 걸려온다. 그러면 아이들은 "아, 아빠잖아. 엄마가 받아요"라고 말하고 나는 "괜찮아. 아빠랑 어젯밤에 이야기를 나눠서 할 말이 없으니 네가 받으렴"이라고 한다. 이렇게 소통이 활발하게 이어지고 있기에 집에만 있더라도 혼자 아이들을 키우는 것 같은 외로움을 느낄 겨를이 없다.

위대한 지도자이자 교사인 데이비드 O. 매케이에게 있었던 일인데 매케이 부부는 60년가량 결혼생활을 유지했다. 한 기자가 그의 아내인 매케이 여사에게 "훌륭한 결혼생활을 이어오셨고 지금도 애정이 넘쳐서 손을 잡고 다니시는데요, 이혼을 생각한 적이 있었나요?"라고 물었다. 그러자 여사는 "이혼은 아니고 죽일까 생각한 적은 있죠"라고 대꾸했다.

절망하거나 지칠 때, 또 소통이 충분히 이루어지지 않을 때 가끔 우리 머릿속에는 온갖 생각이 스쳐 지나가는 법이다.

각자 중요시하는 가치가 다를 때

자신과 다른 누군가와 결혼하는 것은 함께 성장하고 서로에게 배울 수 있다는 점에서 멋진 일이다. 각자 중요시하는 것이 달라서 의사결정을 내려야 할 때 종종 실천하는 방법이 있다. 이 방법은 정말 효과가 좋다. 가령 발레 관람처럼 내가 중요하다고 여기는 공연이 있을 때 마침 스티븐도 영화나 스포츠 경기를 보기 원한다면 나는 이렇게 묻는다.

"좋아요, 솔직하게 말해줘요. 1~10까지 점수를 매긴다면 그 일을 하고 싶은 정도가 몇 점이에요?"

이때 내가 원하는 일이 우선순위가 되게 하려고 거짓말을 해서는 안 된다. 내가 "5점이에요"라고 말하면 그는 "나는 1점이니 발레를 보러 갑시다"라고 말한다. 우리에게 정말 큰 도움이 되면서도 간단하게 결정을 내릴 수 있는 소통 방식이다. 단, 이런 결정을 내릴 때는 진실해야 한다. 우리 집 화장실에는 '당신을 어제보다 오늘 더 많이 사랑합니다'라는 표지판이 걸려 있다. 아닌 게 아니라 어제 그는 정말 내 신경을 거슬리게 했다.

서문_샌드라 코비

마음껏 칭찬하라

서로에게 칭찬하는 것만큼 좋은 일은 없다. 누구나 공감하겠지만, 자녀들이 "엄마, 집안을 치워주고 옷을 빨아주고 맛있는 저녁을 차려주다니 정말 대단해요"라고 말하는 경우는 드물다. 자녀들에게 그런 칭찬을 받는 일이 흔치 않은 것이다.

하지만 식탁에 올라온 음식이 평소와 달리 정말 근사하거나 특별한 식단으로 차려져 있는 날이면 스티븐은 "와, 엄마에게 박수를 쳐드리자!"라고 말한다. 그러면 아이들이 일어나 박수를 치거나 두 손을 들어올리며 터치다운의 제스처를 취한다. 이것은 맛있는 저녁차림에 대한 최고의 칭찬을 표현하는 방법이다. 아이들은 누군가가 특별한 일을 해내면 "힙, 힙, 후레이"를 외치며 응원을 하곤 했다. 우리 가족에게 그런 전통이 있다는 것은 정말 멋진 일이다.

또한 서로 소통해야 한다. 여성들은 말로 더 많은 것을 표현하는 경향이 있으며 듣고 싶은 말을 남편이 해주기를 바란다. 우리 부부의 지인 중에 트루먼과 앤 부부가 있는데 언젠가 앤이 들려준 말이 기억난다.

"어느 날 밤 트루먼에게 '당신은 정말 멋진 최고의 남편이에요. 당신과 결혼해서 행복해요. 당신보다 더 사려 깊고 멋진 사람은 생각할 수 없어요'라고 말했어요. 진심으로 한 말이기는

했지만 나도 트루먼에게 그런 인정을 받고 싶었거든요. 그런데 트루먼은 '나도 그래'라고 말할 뿐이었죠."

때때로 우리는 트루먼이 한 것과 같은 답을 듣게 되는데 다르게 표현하는 방법을 찾을 필요가 있다.

애정과 행복감은 요란하게 표현할수록 좋다

우리가 지키는 또 다른 한 가지는 사람들이 우리 집에 찾아오거나 돌아갈 때 요란할 정도로 야단법석을 피우는 것이다. 좋아하는 사람이 집에 찾아오면 모든 일을 내려놓고 그들과 함께한다. 찾아온 사람이 동료든 우리의 자녀든 반드시 그들에 대한 애정과 행복감을 표현한다.

"드디어 우리 집에 왔네요. 요즈음 어떻게 지내는지 궁금해요. 별일 없었죠?"

그들을 만나게 되어 얼마나 기쁜지 진심을 담아 표현하고 상대방이 그런 마음을 느끼게 해준다. 손님이 떠날 때도 마찬가지로 마음을 담아 입맞춤과 포옹을 하고 "조만간 또 우리 집에서 봐요"라고 당부한다.

집에 드나드는 손님들을 요란하게 반기는 것은 좋은 일이라고 생각한다. 그러면 상대방은 기쁜 마음으로 우리 집에 방문

할 것이며 자신이 특별한 존재이고 사랑받는다는 느낌을 받게 된다.

어린 시절, 어머니는 아버지가 퇴근하실 시간에 맞춰 옷을 차려입으셨다. 당시 홈드레스를 입던 시절이었는데 어머니도 예쁜 홈드레스를 입고 화장을 고치며 머리를 매만지셨다. 그걸 보고 나는 "왜 그렇게 하는 거예요?"라고 물었고 어머니는 "아버지가 집에 오시잖니"라고 대답하셨다.

무척 고루한 전통처럼 들리거나 성차별의 요소가 있다고 느끼는 사람도 있을 것이다. 하지만 어머니는 그저 아버지를 만나는 일이 행복했고 아름답게 보이기 위해 그런 노력을 기울이셨던 것이다. 아버지는 밖에서 불친절하거나 예의 없는 사람들을 만났을지도 모르고, 어쩌면 하루 종일 아무것도 팔지 못했을지도 모른다. 아버지는 고단한 긴 하루 끝에 집에 돌아와 자신이 사랑받고 소중한 대접을 받는 행복감을 느끼셨다.

이와 더불어 우리 부부는 생일과 연휴를 성대하게 기념했다. 기념일이 되면 아침에 일어났을 때 풍선과 축하 문구가 온 집안에 장식되어 있곤 했다. 우리는 특별한 날을 마음껏 기리면서 맛있는 저녁을 먹었다. 사위들과 며느리들은 "세상에! 생일날 하루도 아니고 생일이 있는 주나 달을 기념하다니요"라고 놀란다.

사위 중 한 명은 "결혼하고 얼마 안 됐을 때 아내의 가족들이 다 함께 축하해주고 칭찬해주는 모습이 믿기 어려웠어요. 아주 멋진 일이지만 요란스럽다는 생각을 했거든요"라더니 잠시 말을 멈추고는 불쑥 이렇게 고백했다. "그런데 지금은 그게 정말 마음에 들기 시작했어요."

좋은 관계를 위해 유머 감각이 필요한 이유

결혼은 정말 신나는 일이라는 생각이 든다. 기대 이상일 가능성이 높지만, 한편으로는 예상했던 것보다 힘든 시기를 더 많이 겪어야 할 수도 있다. 내 남편 스티븐은 대단한 사람이며 그와 함께 있는 시간이 내겐 소중하다. 나는 결혼생활에 크게 만족하고 있다.

우리는 여름이면 몬태나에 있는 별장에서 많은 시간을 보낸다. 물론 겨울에도 그곳에 머물며 겨울 스포츠를 즐긴다. 한 번은 초가을에 방문했는데 추위가 느껴지기 시작했다. 일요일 아침 일찍 일어나 둘 다 교회에 갈 때 입는 옷을 차려입고 예배를 드렸다. 예배 후에는 유타에 있는 집으로 가기 위해 여섯 시간 동안 운전을 하게 되었다.

스티븐이 한동안 운전을 하다가 피곤하다며 내게 잠시 운전해줄 수 있는지 물었고 나는 물론 그렇게 하겠다고 답했다. 스티븐이 두세 시간 숙면을 취했을 즈음 내게도 피곤이 몰려와 휴식을 취해야 했다. 스티븐에게 나도 좀 쉬어야겠으니 그가 운전할 동안 뒷좌석에서 잠깐 눈을 붙이겠다고 말했다. 그가 알았다고 대답했다.

내가 뒷좌석으로 가기 위해 문을 열고 내리는 동안 스티븐은 운전석으로 이동했다. 우리는 고속도로 근처에 있었기 때문에 도로에는 차들이 빠르게 지나다녔고 소음도 꽤 심했다. 나는 편하게 쉬려고 예쁜 하이힐을 벗어서 차 뒤 트렁크에 던져넣고는 차가 달리는 동안 트렁크 문이 열리지 않게 쾅 하고 힘껏 닫았다.

문 닫히는 소리가 들리자 내가 차에 탔다고 생각한 스티븐은 뒤도 돌아보지 않은 채 출발해버렸다. 사실 과거에도 이런 일이 있어서 내가 차를 쫓아 달렸던 경험이 있다. 스티븐은 아주 재미있는 사건이었다고 농담을 했지만……. 그런데 이번에는 달랐다. 스티븐은 고속도로를 탈 참이었고 내 주변에도 차가 쌩쌩 다니고 있었다. 그래도 나는 이전처럼 차를 따라잡을 수 있겠지 생각했다.

하지만 스티븐은 순식간에 고속도로를 탔고 어느새 저 멀리 사라졌다. 나는 교회에 가는 옷차림으로 신발도 없이 스타킹만 신은 채 고속도로변에 서 있었다. 게다가 날씨도 제법 쌀쌀했다. 세상에, 스티븐이 언제 돌아올까? 하염없이 생각하면서 그가 '짠' 하고 나타나기만을 기다렸다. 기다리고 또 기다렸지만 스티븐은 오지 않았다. 도로에는 차가 쌩쌩 지나다녔고 운전자들은 길 잃은 여성이 서 있는 모습을 이상한 표정으로 쳐다보곤 했다.

20분가량 지난 후 고속도로 순찰대가 다가왔다. 나를 발견한 누군가가 휴대전화로 고속도로 순찰대에 전화를 걸어서 "어떤 사내가 자기 아내를 차 밖으로 쫓아냈는지 여자가 이 추위에 고속도로에서 신발도 안 신은 채 서 있어요"라고 신고한 모양이다. 경찰이 차를 세우더니 "집에 무슨 문제라도 있습니까?"라고 묻는 게 아닌가. 나는 "아니에요"라고 답했다. "남편이 제가 차에 탔다고 생각한 모양이에요. 차에 타지 않은 걸 몰랐나 봐요."

그러자 경찰은 다시 물었다.

"그거 이상한 일이군요. 남편이 운전석에 앉고 당신은 그 옆 조수석에 탔을 텐데 당신이 차에 타지 않았다는 걸 몰랐을까요?"

"그렇기는 한데 저는 뒷좌석에서 눈을 붙일 참이었거든요."

"알겠습니다. 일단 차에 타세요. 남편을 찾아봅시다."

차에 오르자 경찰은 남편이 휴대전화를 가지고 있는지 물었다. 내가 그렇다고 말하자 전화를 걸어보겠다고 했다.

그는 남편에게 전화를 걸어 물었다.

　　　　　　　　　　서문_샌드라 코비

"코비 씨인가요?"

"맞습니다."

"고속도로 순찰대인데 지금 어디에 계신가요?"

"정확하게는 모르겠네요. 아내가 운전을 하다가 지금은 제가 운전을 하고 있어서 어느 주에 와 있는지 잘 모르겠네요. 유타인 것 같기도 한데 정확한 위치를 모르겠으니 잠시 기다려 주시면 아내에게 물어보겠습니다. 지금 뒷좌석에서 자고 있거든요. 여보, 여보, 우리 지금 어디에 있는 거요?"

순찰 경찰관은 남편을 부르며 이렇게 말했다.

"저기요, 코비 씨! 아내 분이 대답할 수 없을 겁니다. 지금 순찰차 제 옆자리에 앉아 계시거든요."

우리는 마침내 스티븐의 차를 따라잡았고 스티븐이 차에서 내렸다. 나는 그에게 내가 탔는지 당연히 뒤를 돌아보고 확인할 것이라 생각했다고 말했다. 그러자 그는 "당신이 중간에 화장실에 가고 싶어 할 수도 있잖아. 그래서 또다시 차에서 내릴 일이 생기기 전에 전속력을 다해 집에 가려고 절대 뒤를 돌아보지 않았지"라고 농담을 던졌다. 그러더니 당연히 내가 차에 탔으리라 생각하고 뒤를 돌아보지 않은 것이라고 솔직히 털어놨다.

함께 있던 경찰관이 여전히 믿을 수 없다는 표정으로 우리를 바라봤다. 스티븐은 "제게 이야깃거리가 하나 생겼네요"라고 웃으며 말했다. 그러자 경찰관도 웃으면서 답했다.

"저 아래 경찰서에 가서 소문을 내고 올 때까지 기다리셔야 할 겁니다. 저도 이야깃거리가 하나 생겼네요. 스티븐 코비가 아내와 한바탕 싸우고는 아내를 고속도로에 버려두고 떠났다고 말입니다."

여기까지가 남편이 나를 고속도로에 두고 가버린 이야기의 전말이다. 유머는 때론 상황을 더 이상 악화시키지 않는다. 좋은 관계에는 유머 감각이 필요한 법이다.

서문_샌드라 코비

차례

1장

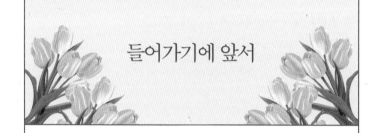

들어가기에 앞서

2장

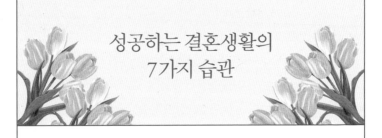

성공하는 결혼생활의
7가지 습관

**The
7 Habits of
Highly Effective
Marriage**

1장

들어가기에 앞서

"환경이 나를 만들지 않는다.
나를 만드는 것은 내 결정이다."

스티븐 코비

자극과 반응 사이에는
선택이라는 공간이 있다

분노의 감정을 초월하기로 스스로 선택하라

스티븐 : 나는 안식년 동안 하와이에 머물고 있었다. 우연히 도서관을 배회하다 책 무더기 속에서 한 권을 집어들었다. 그 때 눈에 들어온 책의 한 문장이 순식간에 나를 사로잡았다.

"자극과 반응 사이에는 공간이 있다. 그 공간에는 당신이 어떻게 반응할지 선택할 수 있는 능력과 자유가 자리하고 있다. 그리고 당신의 반응에는 성장과 행복이 놓여 있다."

책에서 읽은 문장을 되뇌었다. 우리에게 어떤 일이 일어나든 반응을 하기까지 공백이 있다. 그 공백에는 어떤 반응을 할지 선택할 자유와 능력이 있는 것이다. 그 반응에 따라 우리의 성장과 행복이 결정된다. 이는 7가지 습관을 집필하는 토대가 되었다.

책의 저자에게 얼마간의 공로를 돌리고 싶어서 몇 년 후 그 책을 찾으러 갔으나 도서관은 사라지고 없었다.

누군가가 (어쩌면 고의로) 우리에게 상처를 줄 수도 있지만 "당신이 동의하지 않는다면 그 누구도 당신에게 열등감을 느끼게 할 수 없다"라는 엘리너 루스벨트의 말을 기억하라. 자극과 반응 사이에는 공간이 있고, 그 공간에 우리가 있다. 어떻게 반응할지는 전적으로 우리의 자유다. 그 공간에서 결국 자기 자신을 마주하게 될 것이며 자신의 가장 깊은 곳에 있는 가치도 발견할 것이다. 그 공간에서 찬찬히 생각하다 보면 양심, 배우자에 대한 애정, 삶의 원칙도 마주하게 된다. 그것에 따라 결정을 내리는 것이다.

안타깝게도 대다수는 그러한 정신적 공간이 존재한다는 사실을 알지 못한다. 자신에게 자유가 있다는 것을 알지 못하기 때문에 둘 중 하나의 방법으로 반응한다. 분노를 드러내거나 분노를 억누르는 것이다.

분노를 억누르는 것은 문제를 무시하면 문제가 사라질 것이라는 잘못된 판단에서 비롯된다. 화를 참는 사람이 어떤 기색을 보이는지는 누구나 잘 알고 있다. 입을 굳게 다물고 침묵하며 불안한 표정으로 눈치를 살핀다. 분노를 드러내는 것도 억누르는 것도 우리에게 도움이 되지 않는다. 이러한 두 가지 상황에 갇혀 있을 때 무슨 일을 할 수 있을까?

우리에게는 세 번째 선택지가 있다. 그런 감정을 초월하기로 선택하는 것이다. 기분이 상하는 것도 나 자신이 내리는 결정이지 다른 누가 내리는 결정이 아니다. 스스로 그렇게 한 것이다. 우리에게는 결정을 내릴 수 있는 공간에서 화를 내지 않기로 결정할 능력과 자유가 있다. 다른 사람이 나를 부끄럽게 만들 수는 없다. 그저 나 자신이 스스로를 부끄럽게 여기는 선택을 할 뿐이다.

다른 사람의 행동을 다스릴 수는 없지만 타인의 행동에 내가 어떻게 반응할지는 다스릴 수 있다. 전문가들도 이에 동의한다. "감정을 억누르거나 감정을 터뜨리는 것보다 훨씬 더 건강한 대안이 있는데 바로 그 감정을 변화시키는 것이다. 자신의 가장 깊은 곳에 있는 가치를 인정하여 두려움과 수치심의 대부분을 변화시키는 능력은 오롯이 당신 안에 있다."

자극과 반응 사이에 있는 공간에서 우리가 내리는 선택은 배우자나 동반자와의 관계, 부모, 자녀, 친구와의 관계를 크게 변화시킨다.

나에게는 내 삶에 직접
개입할 수 있는 능력이 있다

습관 1 '자신의 삶을 주도하라'는 우리에게 선택할 능력이 있다는 개념에서 출발한다. 선택을 많이 내리면 내릴수록 자연법의 원칙에 따라 더 많은 공간이 생기며 더 많은 자유를 누릴 수 있다.

반대로 선택하는 능력을 발휘하지 않거나 올바른 원칙에 따라 행동하지 않기로 선택할수록 공간이 축소되며 결국에는 사라져 버린다. 그건 동물과 다름없는 상태다. 동물에게는 선택 능력이 없지 않은가. 동물은 생물학적 DNA와 훈련, 길들이기의 산물에 불과하며 스스로 다른 모습으로 변화할 수 없다. 사람은 그렇지 않다. 자신의 정체성을 인식하고 있기에 스스로의 삶에 직접 개입할 수 있다.

자아의식은 다른 동물에게서는 찾아볼 수 없는 인간에게만 있는 고유한 특성이다. 무기질에 생명이 더해지고 거기에 의식이 추가되며 자신의 의식에 대해 생각할 수 있는 능력이 더해진 것이다. 따라서 우리는 자신의 인생을 새롭게 만들고 개인사 전체를 변화시킬 수 있다. 실제로 공간, 즉 자유를 제대로 활용하면 말 그대로 가족의 역사를 치유할 수도 있다. 자기 자신을 위한 새로운 현재와 미래를 만들 수도 있다. 이것은 인간만 지니고 있는 역량, 인간만의 능력으로 매우 특별한 재주다.

가족의 삶과 결혼, 자녀 양육을 대할 때 이러한 선택권을 가지고 있음을 깨닫는 것이 중요하다. 자신의 생각과 마음에 주의를 기울이고 한발 떨어져서 바라본다면 자신의 생각을 점검해볼 수 있다. 심지어 감정을 살펴서 자신이 느끼는 것과 생각하는 바를 자신과 동일시하지 않을 수도 있다. 이렇게 모든 것으로부터 거리를 두고 선택을 시작할 수 있는데, 이는 '자신의 삶을 주도하라'는 습관 1의 기초가 된다.

가족 문제 상담사인 내 친구 바로우는 "더 나은 결혼생활을 원한다면 거울을 들여다보라"고 말한다. 상대에게 문제가 있다는 생각이 든다면 그것이 바로 문제인 것이다. 문제의 근원은 나 자신을 어떻게 바라보는지에 있다. 이를 시인 루미는 "세상 사람들은 자신은 돌아보지 않고 남 탓만 하네"라고 표현했다.

자신을 비이성적이거나 무심하거나 짜증내는 상대방에게 무기력하게 당하는 피해자라고 여긴다면, 인간이 외부 자극에 대한 반응을 자유롭게 선택할 수 있다는 단순한 진실을 거부하는 것이다. 내가 동의하지 않고는 그 누구도 나의 감정과 행동을 좌우할 수 없다. 내게 일어나는 일은 내 영향력의 범위 바깥에 있을 수 있지만, 어떻게 생각하고 느끼고 행동할지는 결국 내가 결정하는 것이다.

많은 사람이 그러한 기본적인 원칙을 이해하지 못한 채 "그 사람이 나를 화나게 만들어" "저 여자 때문에 내가 미칠 지경이야"라는 뻔한 불평을 늘어놓는다. 남들이 나를 피해자로 만들더라도 궁극적으로 그 피해자 역할을 맡을지 여부는 나에게 달려 있다. 정신적으로 '나는 착하고 상대방이 나쁘다'라는 패러다임에 갇혀 있으면 이분법적 사고의 지배를 받게 된다. 자신을 피해자로 바라본다면 아무 일도 하지 않고 모든 부당함에 대해 속수무책으로 한탄만 하게 된다. 제3의 대안이 있음을 믿지 않는 것이다.

반면 자신을 있는 그대로 바라보고 독립적으로 판단하고 선택할 수 있다는 사실을 인정한다면, 어떻게 반응해야 할지 선택할 수 있다. 불쾌한 말을 듣더라도 친절한 말로 답하겠다고 결심할 수 있으며 성을 내는 대신 미소 짓기를 선택할 수 있다. 배우자가 힘든 하루를 보내고 돌아와 짜증을 낼 때 우울한 표정으로 오히려 나의 힘들었던 하루에 대해 불만을 늘어놓으며 누가 더 안됐는지 따지기보다, 상대를 배려하고 보살피는 반응을 보일 수 있다.

이러한 근본적인 통찰력이 대부분의 어려운 결혼생활을 구할 수 있을 것이라고 확신한다. 분노의 사이클 끊기를 선택할 수 있는 것이다. 동반자와의 관계에는 나의 문화뿐만 아니라

나 자체를 참여시켜야 한다. 갈등이 벌어졌을 때 단순히 '내 편'만 생각하는 것이 아니라 끊임없이 제3의 대안을 찾아야 한다.

"우리는 유전자, 우리가 받은 교육,
우리가 처한 환경의 영향을 받는다.
하지만 그러한 요소가 우리가 누구인지를
결정하는 것은 아니다."

스티븐 코비

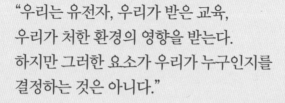

나에게는 주어진 환경에
어떻게 반응할지 선택할 능력이 있다

지금과는 다른 미래를 상상하라

우리는 '끝을 생각하며 시작하라'로 불리는 습관 2를 만들 수 있는 능력을 타고났다. 그 능력은 두 가지인데 그중 하나는 바로 상상력이다. 기억(내 기억이 곧 나는 아니다)을 비롯한 자신의 역사로부터 자유로워지고 다른 미래를 상상할 수 있다면 자신의 삶을 다시 새롭게 만들어갈 수 있다. 그리고 결혼생활과 가정생활 전체를 새롭게 시작할 수 있다.

여기에 양심을 더해보자. 양심은 무엇이 옳고 무엇이 그른지 직관적으로 알 수 있는 타고난 능력이다. 끝을 생각하며 시작한다면 양심과 상상력을 함께 활용할 수 있으며, 양심과 상상력이 결합되면 자신이 원하는 미래를 그려볼 수 있다. 이를 통해 자신의 과거로부터 해방되며 가족력을 치유할 수도 있다.

사람들이 살아가면서 겪는 문제 중 대부분은 가족력의 영향인 경우가 많다. 태아가 어머니의 배 속에 있을 때 어머니와 한 경험, 어머니의 사고 과정이 생물학적 DNA에 영향을 미치고 태아에 깊이 각인된다는 연구 결과도 있다. 아이가 태어날 때는 생물학적 DNA를 가지고 문화적 DNA로 구성된 이 세상에 발을 내딛는 것이다.

오늘날 이혼이 큰 폭으로 증가하고 사회적으로 용인되기 시작했다. 별거나 이혼을 고려하는 것이 바람직하다는 인식도 꽤 보인다. 그런 식으로 생각하다 보면 헤어질 이유와 합리화할 변명거리를 찾기 마련이다. 합리화란 스스로에게 합리적인 거짓말을 하는 것이다. 우리는 자신이 고통은 물론, 타인으로 인한 불행, 타인과의 독특한 역학관계로부터 자유롭기를 원한다고 생각한다. 그래서 자신의 결론과 결정을 뒷받침할 증거를 찾는다. 그렇게 구실을 찾기 시작하면 이유는 점점 늘어난다.

젊은경영인협회Young Presidents Organization의 회의에 참석한 적이 있었다. 행사는 저녁부터 이틀날 온종일, 그다음 날 저녁까지 진행되었는데 가족 사명 선언서를 작성하는 것이 목적이었다. 10대 자녀들이 함께 참석한 가정도 있었다. 부모들은 이 방식을 원했다. 부모들은 특정한 어젠다에 찬성하는 방향으로 표를 행사해서 결국에는 자신의 뜻을 이룬다. 그러다 어젠다가 채택되고 나면 이번에는 그 어젠다에서 벗어나기 위해 애를 썼다. 채택된 어젠다에 목적과 가치에 따라 실천할 것을 약속해버리면 아이들이 그것을 실행에 옮기도록 만들 책임이 부모에게 있음을 알기 때문이다. 무척 겁나는 일이 아닐 수 없었다.

그래서 나는 젊은경영인협회 회원과 그들의 파트너에게 "만일 소속된 업체와 기업에 심각한 마케팅 문제가 있다면 어떻게 하겠습니까?"라고 물었다. 그룹에 어떤 에너지가 감돌았는지 충분히 느낄 수 있을 것이다. 그들은 노련한 CEO로서 날마다 마케팅 전략에서 문제를 발견하는 사람들이었다.

이번에는 그들에게 "삶에서 가정을 최우선 순위로 만든다면 어떨까요? 이는 기업을 살리거나 홍보하는 마케팅 전략 못지않게 중요한 일입니다. 마케팅 문제를 중시하듯 가정을 우선순위로 삼는다면 어떨까요? 마케팅 문제를 해결할 때와 동일한 에너지, 동일한 열정, 동일한 수준의 상상력으로 임하시겠어요?"라고 물었다. 그들은 내 말의 요점을 이해했다.

우리는 마치 마지막에야 물을 발견하는 물고기와 같다. 날마다 회사 업무에 몰두한 탓에 때로는 가정생활과 결혼생활에서 가족 간의 관계가 얼마나 중요한지 인식조차 못 한다. 삶이란 그런 것이라고 생각하는 경향마저 있다.

하지만 가족 간의 관계는 더 나아져야만 한다.

우리는 관계를 발전시키고 새롭게 하며 서로에 대한 애정을 재발견할 능력이 있음을 잊고 살아간다. 우리에게는 삶을 신나는 모험으로 만들고 경영자들이 마케팅 문제를 논의할 때처럼 열정이 끓어 넘치도록 만들 수 있는 선택권이 있다.

경영자들과 파트너들은 내가 제기한 문제를 점차 진지하게 받아들이기 시작했다. 그들이 10대 자녀들과 가정의 사명 선언서를 토론하기 시작하는 모습에서 그러한 진지함을 엿볼 수 있었다. 사명 선언서 작성은 의식과 잠재의식을 잇는 방법이다. 사명을 작성하는 과정에서 잠재의식을 각인하는 심리신경근psychoneuromuscular 활동이 일어나기 때문이다(심리신경근 활동이란 머릿속으로 어떤 활동을 상상하는 동안 뇌와 근육에 실제 동작을 할 때와 유사한 전기자극이 발생하는 것을 말한다 - 옮긴이).

어느 여성의 경우 퇴근하면 집에 들어가기 전에 잠시 멈춘다고 한다. 잠시 멈춰 서서 가족에 대해 생각하는 시간을 갖는 것이다. 배우자, 자녀들과 함께 만들고 싶은 순간을 마음속에 그려본 다음 문을 열고 들어가 그 일을 실천한다.

양심에 귀 기울이는 법을 터득하라

다음 훈련을 해보자. 오늘 밤 잠자리에 들기 전에, 기억하고 싶은 것과 아침에 제일 먼저 하고 싶은 것 두 가지를 적고, 아침에 무슨 일이 일어나는지 보라. 기록하는 일에서 한 걸음 더 나아가 최대한 많은 감각을 동원하여 마음에 그려보면서 잠재의식을 각인시켜라.

이제 관계를 마음속에 그려보면서 그 연습을 적용해보자. 시각·청각·촉각·후각 등 모든 감각을 결합하고 상상력을 동원해 자신이 바라는 삶의 모습, 원하는 결혼생활의 모습, 꾸리고 싶은 가정의 모습을 마음에 그려보는 것이다.

자신이 진정으로 원하는 바가 무엇이며 부부 모두에게 딱 맞는 바가 무엇인지에 정신을 집중한다. 자신의 양심에 귀 기울이는 방법을 터득한다. 고요하게 집중하면 양심을 발견할 수 있다. 명상해보라. 고요함 속에서 명상하고 마음을 챙길 때 비로소 무엇이 옳은지 알 수 있다. 남이 내게 준 각본, 자라면서 얻은 문화적인 각본과는 다른 답을 얻게 되는 경우가 많다.

앞서 샌드라가 말했듯 결혼하기 전에 우리에게 주어진 각본이 있었다. 우리는 삶이란 으레 그렇게 사는 것이라고 생각하기 쉽다. 많은 경우 잘못된 전통을 아무 생각 없이 따르게 된다. 과거의 신념체계가 워낙 깊이 뿌리박힌 나머지 전혀 의문을 품지 않은 채 무조건 따르면서 인생이란 원래 그런 것이라고 가정해버린다.

나는 프레젠테이션을 할 때 지각perception 이미지를 활용할 때가 많다. 방에 모인 무리에게 서로 다른 사진을 보여준 후, 세 번째 사진은 모든 참석자에게 보여준다. 대부분 처음 1초 동안 각자에게 보여준 사진이 사진을 합친 전체 이미지, 즉 세 번째 사진을 지각하는 데 영향을 미친다. 마치 사회가 짜놓은 문화적 각본이라는 렌즈를 통해 그 이후에 일어나는 모든 일을 해석하는 것과 같다.

우리에게 일어나는 일도 다르지 않다. 사람들은 자신이 삶을 만들어나갈 능력이 있고 부부가 결혼생활을 통해 자신이 바라는 결속력, 조화, 행복, 생산성을 이뤄나갈 수 있는데도 그것을 깨닫는 내면의 능력을 서서히 상실해가고 있다. 우리에게는 가족력을 치유할 힘이 있다. 우리는 과거에 작성된 각본과 교육의 결과물이 아니다. 선택할 힘은 우리 손안에 있다. 이 얼마나 놀랍고도 흥분되는 일인가. 나는 어떤 환경이 주어지더라도 어떻게 반응할지 선택할 수 있는 힘이 내게 있음을 깨닫고는 전율했다.

삶이 내게 무엇을 요구하는가

빅터 프랭클Viktor Frankl은 독일 나치의 강제수용소에 갇혀 있는 동안 '왜 내가 이런 자들에게 고통을 받아야 하는가?'라는 질문을 '삶이 내게 무엇을 요구하는가?'로 바꾸었다. 그러고는 귀를 기울이면서 다른 사람의 감정과 필요를 인식하기 시작했다.

먹을 것과 따뜻함 같은 과거에 그가 누렸던 어떤 자유도 맛볼 수 없는 삶이었지만 그는 자신에게 주어진 보잘것없는 배급 식량을 다른 사람이 목숨을 부지할 수 있도록 나눠주라는 양심의 목소리를 들었다.

프랭클이 세상을 뜨기 직전에 호주의 병원에 있던 그와 전화 통화를 했다. 그가 이룬 업적에 경의를 표하고 수많은 사람에게 엄청난 영향을 미친 것에 감사한다고 전했다. 그러자 그는 내게 "꼭 내가 세상을 뜰 것처럼 말하는구먼. 아직 진행 중인 큰 프로젝트가 두 개나 있다네"라고 말했다. 그중 하나는 전기 작가와 진행하던 프로젝트로, 프랭클은 '삶이 우리에게 외칠 때When Life Calls Out To Us'라고 이름 붙였다. '삶이 내게 무엇을 요구하는가'라는 질문은 양심 문제의 가장 핵심에 해당한다.

어떤 일에 무분별하게 답변을 쏟아낼 수도 있는 중요한 순간에 잠시 멈춰 선다면, 잠시 멈추는 훈련이 되어 있다면 삶이 우리에게 외칠 때 열까지 센 다음 물어보자. "삶이 내게 무엇을 요구하고 있는가? 배우자가 어떤 요청을 하는가? 아이에게 지금 필요한 것이 무엇인가?" 그것에 귀 기울인 다음 '끝을 생각하며 시작하는' 습관 2의 핵심을 구체적으로 실천하기 위해 어떻게 살아가고 어떻게 반응해야 할지를 마음속에 그려보라.

"모든 인간은 자아의식, 양심,
상상력, 독립의지라는
네 가지 천부적 능력을 갖추고 있다.
궁극적으로 이러한 능력은
인간에게 선택할 수 있는
힘이라는 자유를 선사한다."

스티븐 코비

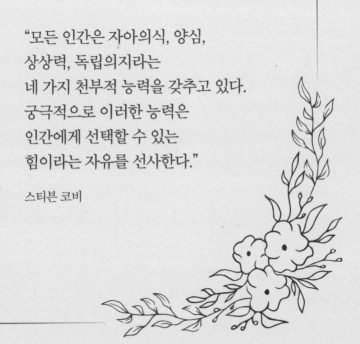

인간이 가진
네 가지 천부적 능력

거센 물살을 거슬러 올라가는
독립의지를 키워라

인간에게 주어진 또 다른 위대한 능력은 독립의지다. 이는 습관 3인 '소중한 것을 먼저 하라'의 핵심이다. 습관 2 '끝을 생각하며 시작하라'는 우리에게 가장 중요한 일이 무엇인지를 알려준다.

목적과 가치 체계는 우리가 내리는 가장 중요한 결정에 해당한다. 다른 모든 결정이 여기에서 비롯되기 때문이다. 이렇게 중요한 결정을 내리고 난 뒤 그다음 중요한 일은 앞서 내린 결정에 따라 일관성 있게 삶을 사는 것이다. 그러려면 의지력과 규율이 필요하다. 많은 경우 이는 강력한 힘에 맞서듯 거센 물살을 거슬러 올라가야 함을 의미한다. 거슬러 올라가야 할 대상에는 자신의 정체성을 박탈해온 매우 강력한 문화적 각본도 포함된다.

문화적 각본은 인간이 특별한 능력이나 자질을 갖추고 있으며 그러한 재능을 활용해 개인의 역량, 자유, 행복, 생산 능력, 자기 인생의 창조력을 키울 수 있음을 알아차리지 못하도록 가로막는다. 그렇기 때문에 독립의지가 습관 3 '소중한 것을 먼저 하라'의 핵심을 이루는 것이다.

인간의 네 가지 능력은
서로 어떤 시너지를 일으키는가

이제 인간의 네 가지 능력인 자아의식, 양심, 상상력, 독립의지가 상호작용하면서 어떤 시너지 효과를 일으키는지 알아보자.

- **자아의식**은 자기 삶을 한 걸음 떨어져서 관찰할 수 있음을 의미한다. 자신의 기분과 감정 또는 생각에서 한 걸음 물러서서 자신을 객관적으로 관찰할 수 있음을 뜻한다.

- **양심**은 다양한 반응을 마음에 그려보고 새로운 방식으로 반응을 바꾸게 만든다.
- **상상력**은 새로운 방식으로 자기 자신을 변화시킬 수 있도록 만든다.
- **독립의지**는 나머지 세 가지 능력에 따라 행동할 수 있도록 해준다. 인간이 지닌 네 가지의 특별한 능력을 통해 내면에서 일어나는 시너지야말로 내 삶의 창조적인 힘을 이루는 핵심적인 요소다.

또한 소중한 것을 먼저 하는 것이 중요하다. 인생의 모든 관계에서 특히 중요한 것이 가족 관계다. 임종을 앞둔 사람들이 숨을 거두기 전에 하는 말을 조사해보면 모두 사랑하는 사람들에 대한 것이다. 그중 가장 중요한 관계는 배우자와의 관계다. 배우자와의 관계야말로 우선시해야 할 가장 중요한 관계다.

기본적으로 개인의 승리를 이끄는 세 가지 습관(습관 1, 2, 3)은 내면의 시너지를 일으키고 삶에서 창의력을 키우는 역량을 심어줘서 우리가 물려받은 성향, 과거의 역사, 우리를 억누르는 환경, 다른 사람의 약점으로부터 자유를 누리게 해준다. 우리는 용서하는 법과 용서를 구하는 법을 배울 수 있다.

"무너진 관계를 다시 세우려면 먼저 자신의 마음을 살펴서 자신의 책임과 잘못을 발견해야 한다."

- 스티븐 코비

자유를 실천하려면 연습이 필요하다

강의를 할 때 종종 청중에게 "여기에서 피아노 칠 줄 아는 분 있나요?"라고 묻곤 한다. 대개 5퍼센트가량이 손을 들며 10퍼센트가 손을 든 적도 있다. 이번에는 "피아노를 수준급으로 치는 분 있나요?"라고 물으면 보통 1~2퍼센트가 손을 든다.

다음에는 "레슨을 받았으나 도중에 포기한 분도 있나요?"라고 물으면 많은 경우 관객의 3분의 1 정도가 손을 들며 심지어 그 비율이 절반일 때도 있다. 그들에게 "저 또한 이런 경우에 해당합니다"라고 털어놓는다. 피아노 선생님의 집에 레슨을 받으러 가던 나날이 떠오른다.

레슨을 마치자마자 악보 책을 집어들어 수풀에 던져버렸다. 다음주에 다시 레슨을 받으러 갈 때 수풀에 들어가 책을 찾아서는 선생님의 집에 가서 레슨을 받았다. 결국 선생님은 부모님에게 "스티븐에게 피아노를 가르치는 일은 돈을 낭비하시는 일입니다. 연습하기보다는 장난하기를 좋아하고 피아노를 치는 것은 레슨을 받을 때뿐이기 때문에 절대 실력이 늘지 않을 겁니다"라고 말했다. 그렇게 행동한 결과 나는 피아노를 연주할 자유를 누리지 못하고 있다.

용서를 구할 자유는 어떤가? 용서할 자유는 또 어떤가? 남에게 용서를 요청받지 않았으나 용서하는 자유는 어떤가? 기분이 상하지 않을 자유는 어떤가? 네 가지 특별한 자질 또는 재능이 삶에 창의력이 되도록 시너지를 일으키게 할 자유는 어떤가? 보기 드문 자유이지만 모두 피아노 레슨처럼 연습이 필요하며 이러한 자유를 활용하는 데 꾸준한 관심을 기울여야 한다.

섬김은 기쁨과 행복의 기초다

내 손목에는 가족 사명 선언서가 새겨진 팔찌가 채워져 있다. 우리가 서로 알고 있는 암호로 작성되었지만 기본적으로는 '타인을 섬김으로써 신을 섬긴다'는 뜻을 담고 있다. 섬김이 인생에서 가장 중요하다는 개념을 담고 있는 것이다.

남에게 베푸는 일이 때로는 불편하고 희생이 필요할 때도 있지만 우리에게 기쁨과 행복을 느끼게 해준다. 즐거운 일이 아닐 수도 있지만 기쁨과 행복을 주는 것은 분명하다. 관계를 발전시키고 가정을 보살핀다는 것은 곧 나보다 다른 사람을 먼저 생각한다는 의미다. 나의 필요보다 다른 사람의 필요를 먼저 고려하고 내가 아닌 다른 사람의 시선으로 세상을 바라보는 법을 터득하는 것은 모두 자극과 반응 사이의 공간을 활용하는 연습을 통해 기를 수 있는 위대한 역량의 일부다.

이는 잠시 중단하고 멈추고 좀 더 여유를 가지면서 나의 생각을 살피고 나의 성향을 인식하며 상상력을 활용하고 양심을 사용하여 더 나은 반응을 보이는 것을 뜻한다. 그리고 그러한 습관을 내 것으로 만들어야 한다. 여기에는 피아노를 연습하듯 훈련이 필요하다. 좀 더 친절하고 좀 더 세심하고 좀 더 공감하며 시너지를 일으키도록 노력하는 것이다. 내게 이러한 연습은 기쁨과 행복을 누리기 위한 기초다.

이혼에 따르는 7가지 결과와 비용

로리 폴케Lorie Fowlke가 쓴 《이혼을 고려한다면 다시 생각하라Thinking Divorce? Think Again》의 서문을 쓴 적이 있다. 이혼 전문 변호사로 대부분의 시간을 결혼과 가정 문제에 쏟아붓는 로리의 책에 서문을 쓰는 일은 흥미로운 작업이었다.

그녀는 우리가 이혼에 대해 진지하게 생각해야 할 때가 있음을 인정하면서도 사람들이 다시 한번 생각하고 이혼을 최후의 보루로 고려하기를 바란다. 이혼을 결정하기 전에 시선을 돌려서 이혼에 들이는 에너지, 여러 지략과 심사숙고, 창의력과 노력을 결혼생활을 지키는 일에 사용하라는 얘기다. 로리는 이혼에는 비용이 든다고 말한다. 그녀는 이혼으로 발생하는 7가지 결과와 비용에 대해 다음과 같이 설명한다.

1. **재산을 날린다.** 이혼에는 많은 비용이 든다. 재산을 차지하기 위한 경쟁이 벌어지며 이 과정에서 훌륭한 변호사를 얻기 위해 돈을 들여야 한다.

2. **반쪽의 생활을 새로 시작하게 된다.** 이혼을 하면 생활양식이 절반으로 쪼그라든다. 동일한 소득으로는 하나의 가정을 둘로 나눌 수 없다. 이제 아이들에게는 두 개의 집이 생겼다. 은행은 대출자가 이혼을 했는지 상관하지 않으며 빚도 사라지지 않는다.

3. **고통과 아픔이 남는다.** 이혼은 지금이든 나중이든 감정적으로 황폐하게 만든다. 이혼하기까지 고통을 당하고 이혼 절차를 진행하면서도 고통이 이어진다. 연휴와 명절 등 행사를 함께하지 못하는 고통이 계속되다가 마침내 치유가 시작되지만 이러한 과정을 겪는 것 자체가 고통이다.

4. **생산성에 영향이 생긴다.** 이혼은 고용에 부정적인 영향을 미친다. 이혼은 삶의 구석구석에 영향을 주는 사건이다. 집중력을 잃으며

생산성이 반감된다. 양쪽 모두 직장에 다녀야 한다.

5. **죄책감이 든다.** 이렇게 된 것이 내 탓인가? 이혼은 자녀들에게 트
   라우마를 남기고, 부모에게는 자녀에게 고통을 안겨주고 순수함
   을 잃게 했다는 죄책감이 들게 한다. 자녀들의 태도는 부모의 태
   도를 그대로 반영한다. 대부분의 이혼은 갈등을 수반한다.

6. **자유로워진다는 신화가 있다.** 이혼은 삶을 복잡하게 만든다. 이혼
   으로 삶에서 배우자가 제거되는 경우는 드물다. 자녀를 통해 배우
   자와 영원히 연결된다. 앙금이 있는 채로 연애를 하는 것은 곤란
   하다.

7. **사회에 갈등을 남긴다.** 이혼은 사회에 악영향을 미친다. 해결되지
   못한 갈등은 다음 세대로 이어진다. 위기를 겪는 부모는 자발적으
   로 사회를 돕지 않는다. 자기 위주의 결정은 공동체를 파괴하고
   만다.

폴케는 경험에 비추어 이혼으로 인해 초래되는 7가지 비용
에 관련된 풍부한 사례를 들려준다.

다음은 책의 일부를 인용한 것이다.

연구에 따르면 불행한 결혼생활을 하는 성인들이 이혼으로 행
복해진다는 것은 근거 없는 믿음에 불과하다. 시카고대학의 연
구진은 불행한 결혼생활로 이혼한 성인들이 이혼 5년 후에도

이혼하지 않고 불행한 결혼을 유지한 부부와 비교해 행복도가 더 높아지지 않았다는 점을 밝혀냈다. 미국가치연구소Institute for American Values에서 수행한 연구에서는 불행한 결혼생활을 유지한 부부의 3분의 2가 5년 뒤에는 행복한 생활을 했다고 밝혔다. 실제로 결혼생활을 불행하다고 평가한 부부의 80퍼센트가 5년 뒤 같은 조사에서 결혼생활이 행복하다고 응답했다. 이 연구에서 가장 놀라운 대목은 부부가 불행하면 5년 뒤 행복하다고 응답할 확률이 결혼생활을 유지하는 경우에는 64퍼센트지만 이혼하여 다른 사람과 재혼할 경우에는 19퍼센트에 불과하다는 것이다.

폴케는 다음과 같은 결론을 내렸다.

자녀, 가정, 공동체에 상처를 남긴 후 돌아봤을 때 과연 이혼이 감행할 만한 가치가 있는지 곰곰이 생각해보라. 아직 그럴 만하다고 생각한다면 정말로 갈라서야 하는 경우일 수도 있다. 하지만 의문이 들고 주저하고 있다면, 이혼이 원하던 기쁨과 평안이나 안도감을 가져다주지 못하는 파괴적인 격변이 될 수도 있다는 생각이 든다면 다시 고려해보라.

"관계에서는 작은 일이
곧 큰일이다."

스티븐 코비

함께 성장하는
'대인관계의 승리' 습관 기르기

이제 또 다른 습관을 살펴볼 텐데 앞으로 다룰 세 가지 습관은 '대인관계 승리'의 습관이다.

습관 4 '승-승을 생각하라'는 상호 존중과 상호 이익이라는 개념에 근거한 것으로 항상 두 사람의 하나됨과 조화, 가족 간의 조화를 생각하는 것이다.

습관 5는 '먼저 이해하고 다음에 이해시켜라'다. 우리 모두에게는 이해받기를 원하는 경향이 있다.

습관 6은 '시너지를 내라'다. 효율성이 높은 사람들은 자신의 강점에 집중할 뿐만 아니라 타인의 장점을 인정하고 즐긴다. 타인의 다름을 존중하고 가치를 인정하면 전체가 부분의 합보다 더 커진다. 함께 문제를 해결하면 어떤 개인이 제시하는 것보다 훨씬 더 나은 제3의 대안이 되는 해법을 찾을 수 있다.

'나'에서 '우리'로 초점 옮기기

많은 사람이 다음과 같은 사실을 깨닫는다.

"결혼생활을 하거나 자녀를 키우는 일에서 가장 어려운 것은 생활습관을 통째로 바꿔야 한다는 점이다. 더 이상 나의 일정과 우선순위에만 집중할 수 없고 희생해야 한다. 다른 사람에 대해 생각하면서 그들의 필요를 채우고 행복하게 만들기 위해 노력해야 한다."

이는 사실이다. 하지만 다른 사람을 진정으로 사랑하고 '우리'를 만들어간다는 목적의식을 공유하면 희생은 더 큰 것을 위해 사소한 것을 포기하는 일에 지나지 않게 된다. 가정, 그 중요한 가정을 지키기 위해 '나'에서 '우리'로 변화하는 과정이다!

모두를 위해 최고의 것을 원하는 정신과 이를 이루기 위해 사랑하고 기꺼이 희생하는 것이 승-승의 진정한 의미다.

주변 사람들의 축복, 흥분과 낭만이 넘쳐나는 아름다운 결혼식이었지만 나중에 그 결혼이 틀어지고 쓸쓸한 결말을 맺게 되는 것은 무척 슬픈 일이다. 한때 서로 긴밀한 관계에 있던 가족과 친구도 서로 멀어지게 된다.

가만히 생각해보면 두 사람이 크게 변한 것은 아니다. 하지만 독립적인 개인에서 서로 의지하는 존재로 발전하지 못했다. 만약 두 사람이 함께 성장했다면 책임감과 의무가 하나로 합쳐져 더 깊은 유대감이 형성되었을 것이다.

이때 원칙은 상대방이 내게 중요한 의미를 갖는 사람인 만큼 상대방에게 중요한 것을 나도 중요시해야 한다는 것이다. 다시 말해 '당신을 무척 사랑하기 때문에 내가 내 마음대로 해서 당신이 불행하다면 나도 기분이 좋지 않을 것'이라고 생각하는 것이다.

그러면 내가 굴복하거나 타협한 것 아니냐고 따지는 사람도 있을 것이다. 하지만 그렇지 않다. 감정의 초점을 덜 중요한 문제에서 사랑하는 사람, 그 사람과 내가 맺는 관계의 가치로 옮긴 것에 불과하다. 관계 밖에 있는 사람에게는 한쪽이 승리하고 나머지는 패배한 것으로 보이더라도 실제로는 둘 다 이기는 승-승이 되는 것이다.

상대방에게 중요한 문제가 내게도 정말 중요한 사안인 경우도 있을 것이다. 이런 상황에서는 시너지를 발휘하기 위해 노력하는 것이 중요하다. 목적이나 목표를 달성하는 다른 방법을 찾는 과정에서 두 사람을 끈끈하게 만들어주는 드높은 목표나 가치를 찾아야 한다. 하지만 모든 상황에서 중요하고도 궁극적으로 추구해야 할 것은 승-승이다.

승-승이야말로 가정의 성공적인 상호작용을 위한 유일한 기반이다.

상대방이 끊임없이 변화하고 성장하며 올바로 행동하는 것을 볼 수 있다면, 그리고 최종 목표를 계속 염두에 두고 서로 노력해간다면 승-승을 이루기 위한 동기를 갖게 되고 헌신할 수 있을 것이다.

상대의 입장에서 공감하며 듣는 연습하기

다른 사람의 준거틀에서 듣는 방법을 훈련받은 사람은 거의 없다. 청중 앞에 설 때면 다른 사람의 준거틀에서 듣는 방법을 훈련받은 사람이 있는지 항상 묻곤 한다. 보통 수백 명이 참석하는 강연에서 손을 드는 사람은 5~10퍼센트에 불과하다. 손을 든 사람에게 어떤 일을 하는지 물으면 교사나 코치, 아니면 치료사인 경우가 대부분으로 그들은 공식적으로 공감하는 훈련을 받는다.

하와이에서 안식년 기간을 보낼 때 날마다 혼다 트레일 바이크를 타고 달리면서 감동적이고 따뜻한 경험을 했다. 아내와 나는 최근 세상을 떠나신 장인어른에 대해 대화를 나눴고 그 밖에도 여러 문제에 대해 대화했다. 우리 관계에 어려움을 준 문제 중 하나는 프리지데어Frigidaire 가전에 대한 아내의 집착이었다. 우리는 늘 라이에서 호놀룰루까지, 혹은 우리가 살던 곳에서 프리지데어 판매상을 찾아 먼 곳까지 가야 했다. 내가 보기에는 어리석은 일이었다. 내게는 온갖 브랜드를 분석해놓은 소비자 잡지까지 있었지만 아내 샌드라는 오로지 프리지데어에만 관심을 뒀다.

어느 날 혼다 트레일 바이크를 타다가 이 문제에 대해 대화를 나눴는데 샌드라는 아버지가 교사이자 코치였고 가전 사업도 했다고 말했다. 아버지가 기나긴 일과를 마치고 지친 몸으로 소파에 기대 있으면 샌드라가 노래를 불러줬다고 했다. 샌드라의 노래는 아버지에게 큰 위로가 되었다.

샌드라가 아버지 이야기를 하는 동안 그녀의 감정이 느껴졌고 샌드라의 눈에 눈물이 차오르는 것을 보았다. 그녀는 이어서 가전 사업 이야기를 했다.

가정형편이 어려워지거나 현금흐름에 문제가 생겼을 때 프리지데어 제조사가 재고를 싣고 와서 아버지가 어려운 시기를 헤쳐나갈 수 있도록 도와줬다는 것이다. 덕분에 아버지의 사업은 다시 성공 궤도로 돌아올 수 있었다. 이 말을 하는 동안 샌드라가 어떤 감정을 느끼는지 내게 전해졌다.

프리지데어에 대한 일화는 샌드라 본성의 일부를 보여주

고, 프리지데어가 아버지에게 얼마나 중요한 회사였는지, 얼마 전 작고하신 그녀의 아버지가 샌드라에게 얼마나 중요한 존재였는지를 알게 해주었다. 나 자신이 어리석고 이기적이며 탐욕적으로 느껴졌다.

사실 부부나 커플 사이, 그리고 가정에서 일어나는 거의 모든 문제는 이기심에서 비롯된다. 이 일화를 계기로 내가 얼마나 무심하고 공감 능력이 부족한지 깨달았다. 또한 겸허한 태도와 교훈을 배웠다. 다른 사람이 하는 말을 귀 기울여 들을 뿐만 아니라 그 말에 깔린 감정까지 느껴야 한다는 얘기다. 행간을 읽고 그 감정을 존중해야 한다. 그리고 이것이 다른 사람의 인생에 영향을 미치는 일임을 기억해야 한다. 함부로 판단하거나 온갖 데이터와 좌뇌의 분석을 동원하려고 해서는 안 된다.

프리지데어 일화는 무척 강렬한 경험이었다. 눈에 보이지 않는 공기가 몸에 어떤 역할을 하는지, 진정한 이해는 가슴에서 우러나오는 것임을 알게 해준 사건이었다. 방에 숨 쉴 수 있는 공기가 없다면 누구도 그 공간에서 존재할 수 없다. 마찬가지로, 가슴으로 이해하지 못하면 변화의 여지가 없다.

시너지를 일으키는 제3의 대안 찾기

습관 6 '시너지를 내라'는 말에서 시너지란 다른 사람과의 소통을 통해 어느 한 개인이 제안할 수 있는 것보다 나은 제3의 대안을 찾는 것이다. 타협에서는 $1+1=1\frac{1}{2}$이지만 시너지가 일어나면 $1+1=3$ 또는 $10, 100, 1000$이 된다. 또한 함께 해결책을 찾았기 때문에 상대방과의 관계가 더욱 단단해진다. 이 과정에서 면역체계가 형성되어 문제에 부딪쳤을 때 시너지를 일으킬 역량이 개발되고 어떤 문제가 다가오더라도 시너지를 발휘할 수 있게 된다. 어떤 문제에 부딪쳤는지는 중요하지 않다.

이는 관계와 가정생활에서 중요한 요소다. 또한 자녀들이 타인과 협력해 더 나은 대안을 해결책으로 찾을 수 있도록 자녀들을 위한 시너지 모델을 만드는 것도 중요하다.

제3의 대안은 기존의 사고방식과는 전혀 다른 완전히 새로운 모델이기 때문에 함께 만들어야만 한다. 이는 우리가 연약하고 열린 태도를 갖고 있다는 뜻이며, 깊은 공감능력을 갖고 있다는 것을 의미한다. 연약함과 공감능력이 결합하면 관계의 전체 역학과 전체 에너지가 바뀐다. 경쟁과 무시, 서로를 구분 짓는 것들 대신에 하나라는 마음과 창의성, 열린 마음이 자리 잡게 된다. 그 결과 우리는 풍요로운 사고방식을 갖게 되는데, 이는 나만 정답을 알고 있는 것이 아님을 인정하고 각자의 다름을 가치 있게 여기는 것이다.

사람은 저마다 역사를 지니고 있으며 서로 다른 교육을 받았고 대화 방식도 다르다. 그러한 다름에 귀 기울이고 그 가치를 인정한다면 새로운 해결책을 찾아낼 수 있다. 여기에서 유대감이 형성되는 것이다. 새로운 해결책은 깊은 일체감을 느끼고 면역체계가 굳건해질 때에야 비로소 도출된다. 습관 6은 제3의 대안이 만들어내는 산물이 된다.

어떤 면에서는 우리가 다루는 거의 모든 주제를 대안적인 해결책이라고 이름 붙일 수 있다. 대인관계에서 네 가지 인간 고유의 천부적인 능력(자아의식·상상력·양심·독립의지)을 통해 시너지를 발휘할 수도 있고 한 개인의 내면에서 습관 4(승-승을 생각하라), 습관 5(먼저 이해하고 다음에 이해시켜라), 습관 6(시너지를 내라)을 통해 해결책을 얻을 수도 있다.

자기 자신에게 시간을 들여라

습관 7 '끊임없이 쇄신하라'에는 파트너십, 가정, 자기 자신의 신체적, 정신적/지적, 사회적/감정적, 영적 건강에 대한 노력이 반영되어 있다.

샌드라와 나는 함께 운동하고 자전거를 타고 수영하는 법을 배웠다. 좋아하는 활동을 함께 즐기는 것은 무척 행복한 일이다.

우리는 책도 많이 읽는다. 샌드라는 나와 다른 종류의 문학을 즐긴다. 나는 이론서를 주로 읽고 샌드라는 소설과 정치 서적을 주로 읽는다. 우리는 각자가 읽은 책에서 배운 점을 서로 공유한다.

또한 우리는 깊이 있는 대화를 나누고 강의를 들으며 특별 강연에 찾아가 함께 배움을 경험하는 방법을 터득한다. 이는 정신적으로 끊임없이 쇄신하는 방법이다. 샌드라는 예술 분야에 무척 관심이 많으며 나는 저술 프로젝트에 큰 관심을 가지고 있다. 상대방이 즐기는 활동과 관심사를 나누며 시너지 혜택을 누리고 있다.

영적인 측면에 대해 얘기하자면, 우리는 아침과 저녁마다 손을 맞잡고 기도한다. 또한 묵상하고 연구하는 시간을 통해 종교 문학을 깊이 고찰한다. 이 과정에서 양방향(정확히 말하자면 우리 둘과 신 사이의 세 방향) 소통이 일어난다.

사회적으로는 자녀들, 손주들, 가까운 친구들과 함께 시간을 보내면서 끊임없이 쇄신한다. 우리가 참여하고 있는 많은 프로젝트를 챙겨야 하기 때문에 다른 일에 거절 의사를 밝혀야 하는 경우도 많다.

2장

성공하는
결혼생활의
7가지 습관

"성품 윤리*에 따라 사는 사람은
단단한 뿌리를 깊게 내리고 있기 때문에
삶에서 겪는 스트레스를 이겨내고
성장과 발전을 이어나간다."

스티븐 코비

* 내적 성품 중심의 사고(Character Ethics). 여기에서는 언행일치나 겸손, 충성, 절제, 용기, 정
  의, 인내, 근면, 소박, 수수함, 황금률과 같은 덕목을 강조한다.(출처: 스티븐 코비 저, 《성공하는
  사람들의 7가지 습관》, 김경섭 역, 김영사, 개정2판, 2019, 57쪽)

여러분에게 나와 막역한 두 사람, 존과 제인을 소개하려 한다. 존은 누구보다 내가 잘 아는 사랑하는 내 동생이다. 존과 제인은 7가지 습관을 가정·결혼·가족에 적용하는 일을 해왔다.

7가지 습관 실험하기

존: 성공적인 결혼생활의 7가지 습관에 대한 질의응답을 함께할 수 있게 되어 매우 기쁘다. 여기서는 세계적으로 유명한 7가지 습관을 활용하여 모든 관계를 개선하기 위해 우리가 할수 있는 일들을 살펴볼 것이다. 무엇보다 중요한 것은 함께 가

정을 이루는 배우자와의 관계다.

우선 심호흡을 해보자. 자녀가 있든 없든 일생을 함께하기로 약속한 두 성인이 이루는 연합체를 무엇이라고 정의할 것인가? 결혼이라고 부를 수도 있고 동반자 관계라고 할 수도 있다. 독자들 중에는 과연 자신이 결혼에 맞는 사람인지 궁금해하는 사람도 있을 것이고 결혼을 진지하게 고민 중인 사람도 있을 것이다. 또한 이혼이나 재혼 등으로 혈연이 아닌 가족, 즉복합 가족의 일원이 되어 그에 따르는 온갖 문제에 직면한 사람도 있을 것이다. 더욱 행복한 관계를 추구하는 사람도 있을 것이고 이미 행복한 관계를 누리는 사람도 있을 것이다.

우리는 전 세계인에게 도움을 줄 만큼 보편적이고 세월이흘러도 변치 않는 원칙을 가르치고 있다. 그러므로 어떤 상황에 처해 있든 이 원칙을 적용하면 이전보다 더 행복한 삶을 사는 데 도움이 될 것이다.

한 가지 도전과제를 내보겠다. 7가지 습관 중 하나를 선택해서 21일, 즉 3주 동안 꾸준히 실천해보라. 만약 실천에 옮긴다면 단언컨대 인생과 가정생활에서 더 큰 행복을 누리게 될것이다. 이 점을 분명히 약속할 수 있다.

결혼 또는 동반자 관계의 4C

성공적인 관계의 7가지 습관을 간략하게 살펴보기에 앞서 7가지 습관을 결혼 또는 동반자 관계의 4C 체계에 따라 분류해보고자 한다.

헌신 Commitment

내적 성품 Character

소통 Communication

교제 Companionship

습관 1, 2, 3은 **헌신**을 길러주며, 습관 4, 5, 6은 **소통**의 기회를 열어주고, 습관 7은 이기심 없는 **교제**를 가능하게 해준다.

먼저 헌신과 내적 성품을 살펴보겠다. 서로에 대한 헌신은 유년기를 거쳐 여러 해 동안 누리던 독신 생활에서 새로운 태도와 새로운 사고방식으로 탈바꿈하는 것이다.

대다수 사람은 그릇된 아이디어와 사고방식으로 낭만적인 동반자 관계를 맺는다. 자신이 맺고 있는 낭만적 동반자 관계가 그동안 갈망해온 교제, 친밀함, 우정, 자녀와 같은 모든 요소를 담고 있는 아름다운 상자라고 믿는다. 영원히 행복한 삶을 살 것이라고 생각하는 것이다.

반면 좀 더 의식 있는 사고방식을 갖춘 사람들이 보기에 서로에 대한 헌신은 출발 단계에서는 비어 있는 상자와 같다. 무언가를 꺼내기에 앞서 먼저 상자에 집어넣어야만 하는 것이다. 사람들 내면에 있는 사랑을 서로의 관계에 불어넣어야 한다. 관계에 사랑의 감정을 쏟아부어야 한다.

부부는 그러한 기술을 터득하고 서로 사랑하고 베풀며 섬기고 칭찬하고 상대방을 세워주고 상자를 계속 채워나가는 습관을 형성해야 한다. 집어넣는 것보다 더 많은 것을 꺼낸다면 상자는 텅 빈 상태가 되고 만다.

서로를 향한 헌신이 목숨을 구하기도 한다

제인: 성공적인 결혼생활을 하려면 좋은 시기에나 나쁜 시기에나 헌신해야만 한다. 여기에는 내적 성품이 필요하다. 습관 1, 2, 3은 이러한 내적 성품을 키워준다.

메리 파이퍼Mary Pipher의 《폭풍우를 피할 피난처Shelter From the Storm》를 보면 위험에 처한 어느 남편과 아내의 일화가 나온다. 사랑에 대해 알려주는 이 이야기에서 남편과 아내 두 사람은 내적 성품과 서로에 대한 헌신 덕분에 상대방의 목숨을 구한다. 파이퍼는 남편과 아내, 그들의 자녀들이 숲속 폭포 근처를 산책하다가 일어난 치명적인 사고에 대한 뉴스를 소개한다.

산책하는 중에 아내가 폭포 바로 위에 있는 강으로 미끄러졌고 남편과 아이들은 강 기슭에서 겁에 질린 채 그 모습을 지켜봤다. 아내는 폭포로 휩쓸려가지 않으려고 두 바위 사이에서 버텼다.

남편과 아이들은 아내에게 닿기 위해 인간 띠를 만들었으나 물살이 세서 닿을 수 없었다. 벨트와 옷으로 밧줄을 만들어 구조를 시도했으나 밧줄마저 끊어지고 말았다.

그러자 남편이 허리에 가는 나일론 끈만 묶은 채 얼음같이 차가운 물속으로 걸어 들어갔다. 그러나 끈이 끊어지면서 두 부부는 폭포 위의 강 한복판에서 발이 묶이고 말았다.

강기슭에 있던 사람들은 남편이 아내를 두 팔로 안아 거센 물살을 견디는 모습을 지켜봤다. 부부가 물에서 사투를 벌인 지 40분이 흘렀다. 남편에게 바위를 붙들 힘이 빠지자 아내가 침착하게 말을 걸어 남편이 의식을 잃지 않도록 도왔다.

마침내 잠수복을 입은 구조요원이 강기슭에 모인 사람들이 잡고 있는 로프에 의지하여 부부에게 다가갔다. 또 다른 구조요원은 폭포 아래에서 대기하며 두 사람이 떨어질 경우 붙잡을 채비를 했다. 탈진 상태에서 추위에 떨던 부부는 폭포 아래의 구조요원을 향해 뛰어내렸고 구조요원은 두 사람을 구조하여 다른 요원들이 강기슭으로 옮길 수 있도록 도왔다.

부부는 저체온증에 걸리지 않도록 따뜻한 음료를 마신 뒤 병원으로 이송되었다. 겁에 질린 아이들에게 구조요원은 너희 아버지는 영웅이었다며 아버지가 어머니를 구했다고 말했다.

나는 이 이야기가 사랑에 대해 말하고 있다고 생각한다. 남편은 위기 상황에서 가족을 위해 자신이 할 수 있는 일을 해냈다. 그는 오로지 가는 나일론 끈에 몸을 맡긴 채 아내를 구하기 위해 폭포 위의 얼음장 같은 물속으로 뛰어들었다. 아내 역시 가족으로서 해야 할 일을 했다. 희망이 점차 사라져 남편이 포기하려 할 때 그를 격려하며 정신을 잃지 않도록 했다.

우리는 이 부부에 대해 전혀 아는 바가 없다. 그들이 위기를 만나기 전에 어떤 삶을 살았는지도 모른다. 그저 자녀들과 함께 있었다는 것을 알 뿐이다. 그리고 또 하나. 아내가 죽을 위험에 처했을 때 남편은 자신의 목숨은 아랑곳하지 않고 차디찬 물에 들어가 아내를 구했고, 아내 역시 내면적 강인함으로 남편을 구해냈다는 사실이다.

이것이 바로 부부간의 사랑이다. 우리는 때때로 언쟁을 벌이고 의견이 엇갈리며 상대방의 말에 반대하지만, 상대를 구하는 데 자기 목숨을 걸기도 한다.

희망과 변화는 바로 나로부터 시작된다

앞서 언급한 파이퍼의 책은 희망을 이야기한다. 흠이 있는 두 사람이 사소하든 중요하든 서로 견해가 다른데도 어떻게 함께하면서 거센 물살을 견뎌내고 서로를 구하는지를 보여준다.

이것은 결혼생활을 구하기 위해 불완전한 사람들이 물살에 기꺼이 뛰어드는 이야기이기도 하다.

존: 관계와 가정생활이라는 물살을 헤치고 나갈 수 있도록 도와줄 몇 가지 도구를 제시하고자 한다. 임시 처방 같은 도구는 아니다. 이 도구가 효과를 발휘하려면 자신과 배우자를 완전히 다른 방식으로 바라보고 새로운 헌신이 전제되어야 한다. 우리가 제시할 7가지 습관은 실천하고 습득할 수 있으며, 충분히 해낼 수 있는 것들이다.

하지만 먼저 그럴 만한 가치가 있는지 생각해봐야 한다. 변화하지 않는다면 배우자를 구하기 위해 차디찬 급류에 기꺼이 뛰어들 용기가 생기지 않기 때문이다. 그러한 변화는 바로 나로부터 시작된다.

결혼 문화 #1	결혼 문화 #2
자극에 반응하며 끌려가라: 화를 내고 남을 탓한다.	자신의 삶을 주도하라: 침착함을 유지하고 사과한다.
아무것도 정하지 않고 시작하라: 계획하거나 목표를 세우지 않는다.	끝을 생각하며 시작하라: 분명한 목표를 정한다.
우선순위가 낮은 일을 먼저 하라: 너무 바쁜 나머지 상대방을 돌보지 못한다.	소중한 것을 먼저 하라: 서로를 위한 시간을 갖는다.
승-패를 생각하라: 항상 경쟁하고 비교한다.	승-승을 생각하라: 상대방의 필요를 존중한다.
이해시키기려고만 한다: 듣는 시늉만 하고 말하는 데 끼어든다.	먼저 이해하고 다음에 이해시켜라: 상대방의 말에 귀를 기울인다.
상대방의 강점을 경시한다: 약점에 주목한다.	시너지를 내라: 상대방의 강점을 높이 산다.
불균형한 삶을 산다: 번아웃 상태에 빠지고 배우려 하지 않는다.	끊임없이 쇄신하라: 실천하고 배우고 즐긴다.

성공적인 결혼 문화 만들기

부부가 함께 만드는 습관이 결혼 문화를 이룬다. 두 가지 문화에서 비롯되는 감정을 어떤 단어로 표현할 수 있을까?

7가지 습관의 토대가 되는 인간의 성공 원칙

원칙은 세월이 흘러도 변함이 없으며 보편적으로 인정받는다. 모든 나라, 모든 관계에 적용할 수 있다.

습관 1: 선택, 책임, 주도

습관 2: 비전, 목적, 헌신, 의미

습관 3: 집중, 우선순위 정하기, 규율, 진실성

습관 4: 용기, 배려, 상호 이익

습관 5: 상호 이해, 공감, 신뢰

습관 6: 창의성, 협력, 다양성, 겸손

습관 7: 회복, 지속적인 개선, 균형

"삶에서 작은 변화를 일으키고 싶다면
습관에 주목하라.
하지만 큰 변화를 일으키고
돌파구를 마련하려면
패러다임에 집중해야 한다."

스티븐 코비

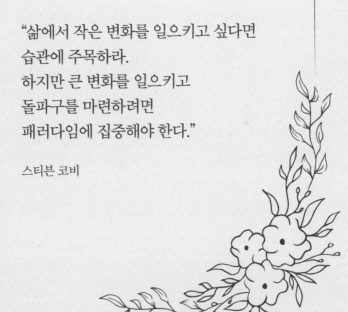

자신의 삶을 주도하라

관계에 선택과 책임감 부여하기

습관 1인 '자신의 삶을 주도하라'부터 시작하겠다. 자극에 반응하는 것이 아니라 주도적인 삶을 살겠다는 선택을 하려면 헌신과 내적 성품이 필요하다.

제인: 주도적인 삶과 반응하는 삶을 설명하기 위해 한 가지 이미지를 머릿속에 그려보자. 손에 두 개의 병을 들고 있는 상상을 해보라. 오른손에는 탄산음료가 든 병을, 왼손에는 물병을 들고 있다. 병을 흔들면 어떤 모양이 될지 상상해보자. 탄산음료가 든 병에는 거품이 생길 것이다. 물병에 든 물은 흔들리기는 하겠지만 크게 변화하지는 않을 것이다.

이번에는 각 병이 고속도로를 달리는 사람을 나타낸다고 상상해보자. 두 사람의 차가 나란히 달리고 있는데 갑자기 세 번째 차가 나타나 두 차선을 가로질러 가는 바람에 두 사람이 급브레이크를 밟았다.

한 사람은 거품이 가득 차고 터지기 일보 직전인 탄산음료병과 같다. 그는 어떤 반응을 보일까? 폭발할 것 같은가? 왜일까? 이 사람은 자극에 반응하는 사람이지 주도적으로 움직이는 사람이 아니다. 그는 여유를 두고 어떻게 반응할지 선택하기보다는 감정이 반응을 휘두르도록 놔둔다.

물병을 상징하는 사람은 어떤가? 그는 어떻게 행동할까? 아마 방금 일어난 일을 떨쳐버리고 마음을 가다듬은 다음 앞으로 향할 것이다. 왜냐하면 그는 주도적인 삶을 사는 사람이기 때문이다.

그렇다면 반응형 인간과 주도적 인간의 차이는 무엇일까? 반응형 인간은 환경에 따라 순간적으로 행동한다. 행동하고 생각나는 대로 움직인다. 반면 주도적 인간은 멈춰 서서 생각하고 배우자, 자녀 등 자신이 소중히 여기는 가치에 근거해 반응을 선택한다. 주도적 인간은 다른 사람이 행동하는 바에 따라 반응하지 않겠다고 결심한다. 자신의 생각과 태도, 행동을 통제한다. 타인이 자신에게 어떻게 행동하든 흥분하지 않는다. 피해자가 되지 않는 것이다.

"반응형 언어에 존재하는 심각한 문제는 그것이 말하는 대로 이루어지는 자기실현적 예언이 된다는 것이다. 사람들은 자신이 피해자가 되었다고 느끼고 통제력을 잃었으며 자신의 삶이나 운명을 결정하지 못한다고 생각한다. 자신이 처한 환경에 대해 다른 사람, 환경, 심지어 별들까지 들먹이며 외부 요인을 탓한다."

- 스티븐 코비

···

사례: 관계란 배우자나 동반자를 더 낫게 만드는 것이 아니라 더 행복하게 만드는 것이라고 합니다. 상대방을 더 행복하게 해줄 수 있는 방법이 궁금합니다.

스티븐: 행복한 결혼생활을 하고 싶다면 긍정적인 시너지를 만드는 사람이 되어야 합니다. 나 자신의 정체성을 설계하면서 가정의 운명도 결정하게 됩니다.

물론, 자신이 꿈꿔온 결혼과 관계에 대한 생각에 따라 결혼을 하거나 관계를 맺게 됩니다. 그런 생각에는 배우자나 동반자에 대한 기대도 포함됩니다. 하지만 내가 가지고 있던 생각이나 기대를 상대방에게 강요하는 것은 큰 실수입니다. 상대를 사랑한다면 한 개인으로 바라보고 서로의 차이를 이해하려고 노력해야 합니다. 사랑하는 사람을 내가 품었던 아이디어에 맞게 끌어내리는 것은 그를 물건으로 변질시키는 것입니다. 사람은 물건이 아닙니다. 도스토옙스키는 "누군가를 사랑한다는 것은 신이 의도한 대로 상대방을 바라보는 것이다"라고 말했습니다. 나의 의도대로 바라봐서는 안 됩니다.

사랑은 누군가를 향한 단순한 감정이 아닙니다. 그 사람을 올바른 방식으로 바라보겠다는 의지이기도 합니다. 그러기 위해서는 서로의 차이를 인내하고 인정할 뿐만 아니라 다름에 가치를 부여해야 합니다. 다름을 인정하는 것은 서로 간의 차이를 즐기고 각자가 지닌 특별한 재능을 활용하는 것입니다.

서로 다른 관심사, 특이한 재능, 기발한 성품은 인생과 사랑을 흥미롭고 강렬하게 만듭니다. 사랑하는 사람을 누구와도 견줄 수 없는 보물로 여기고 나와 다른 부분을 재능으로 타고났다고 여겨야 합니다. 관계개선 분야의 심리학자 스티븐 스토스니Steven Stosny가 말했듯 연민은 "사랑하는 사람의 개성과 연약함을 세심하게 살피는 것"이고 "배우자가 나와 다른 경험을 해왔고, 기질이 다르며, 연약한 부분이 다르고, 나와는 다른 가치를 지닌 사람임을 인식하는 것"입니다.

동일하다는 것이 하나를 이룬다는 말은 아니며, 획일적인 것과 화합을 이루는 것은 다른 의미입니다. 결혼은 서로를 보완하는 이상적인 팀을 이루는 것이며 서로 다른 재능을 가진 사람들이 서로를 향한 사랑으로 연합하여 서로 다른 역할, 관점, 역량을 충분히 인정함으로써 화합을 이루는 것입니다.

동반자나 배우자를 더 나은 사람으로 만들려고 하지 말고 행복하게 해주세요. 우리는 마치 자신의 방법이 더 나은 양 상대방이 자신처럼 되기를 바라는 경향이 있습니다. 저 자신의 결혼생활을 돌아보니 그런 방법은 전혀 효과가 없으며 상대가 결혼생활에 불어넣는 특별한 재능을 무시하는 태도입니다. 자신의 상상으로 동반자나 배우자를 바꾸려고 하지 말고 그들이 지닌 단점을 인정하고 받아들이고 상대를 행복하게 해주려고 노력하세요.

짧은 이야기 하나를 소개하겠습니다. 알코올의존증인 남편과 이혼을 결심한 여성이 있었습니다. 자녀들을 길러야 하는데 더 이상 그런 삶을 살고 싶지 않았기 때문이었죠. 저는 이 여성에게도 똑같은 당부를 했습니다. 남편을 더 나은 사람으로 만들려고 하거나 변화시키려고 노력하지 말라고요. 30일만 재판관이 아니라 그에게 빛과 같은 존재가 되어보라고 제안했죠. 30일이 지난 후, 남편은 2주 동안 술을 마시지 않았고 부부는 이전보다 더 행복한 하나가 되어 있었습니다.

두 사람에게 어떤 일이 있었는지를 물었죠. 남편은 '아내가 지나친 친절로 사람을 죽게 할 작정이구나'라고 생각했다고 하더군요. 아내는 처음에는 그럴 마음이었지만 시간이 지나면서 습관이 되었고 그런 변화가 마음에 들었다고 했습니다. 2주가 지나자 남편도 그러한 생활을 즐기게 되었고 진정으로 중요한 것이 무엇인지 생각하기 시작했습니다.

두 사람의 결혼에 빛이 들면서 치유되는 모습을 지켜보는 것은 무척 짜릿한 경험이었습니다. 서로에게 베풀고 친절하게 대하고 절대로 판단하지 말아야 한다는 모델이자 대표적인 사례입니다.

....

사례: 재혼 가정이나 동반자 관계도 다루실 텐데요. 몇 년 동안 동반자 관계를 맺었다가 결별한 두 사람이 과거의 실수를 다시 반복하지 않기 위해 노력하고 있어요. 이들은 서로를 위해 어떤 노력을 해야 할까요?

존: 두 사람에게 제안하는 가장 중요한 조치는 7가지 습관을 배우라는 것입니다. 7가지 습관에 대해 읽고 연구하십시오. 그러면 새로운 사고방식을 갖게 되어 이해시키기보다는 먼저 이해하려고 노력하게 됩니다. 새로운 도구를 얻게 되기도 하고요. 7가지 습관은 동반자가 함께 노력할 수 있는 사명 선언서를 작성하도록 도와줍니다. 7가지 습관을 통해 상대방을 판단하지 않고 이해하는 일이 얼마나 가치 있는지 알 수 있습니다. 습관 7 '끊임없이 쇄신하라'는 함께 새롭게 변화하는 데 도움이 됩니다.

아내와 사별한 후 재혼한 친구가 있습니다. 결혼생활이 어떤지, 새로운 동반자와 결혼한 기분이 어떤지 물었죠. 친구는 한 가지 위대한 진실을 깨달았다고 했습니다. 다른 사람을 변화시키려고 해서는 안 된다는 겁니다. 연애할 때는 상대를 변화시키려고 하지 않는다는 데 동의합니다. 서로를 인정하고 행복하게 해주려고 노력하죠. 친구는 정말 어려운 일이지만 효과가 있다고 털어놨습니다.

혼합 가정의 경우 '끝을 생각하며 시작하라'는 습관 2가 성공적인 결혼생활에 아주 중요합니다. 사명 선언서를 작성하고 함께 시간을 들여 전통을 만들며 그것을 지키기 위해 노력한다면 결혼생활이 단단해지고 조화를 이루게 되며 아무리 어려운 역경도 헤쳐나갈 수 있게 됩니다.

나에게는 반응을 선택할 자유가 있다

존: 반응형 인간에게는 정지 버튼이 없다. 감정이 즉각적으로 끓어오른다. 반면 주도적 인간은 정지 버튼을 누른 다음 결과에 대해 생각해보고 자신을 진정시키고 중요하게 생각하는 가치를 토대로 선택을 내린다.

간단히 말하면 문제가 나의 외부에 있다고 생각하는 순간, 바로 그런 생각 자체가 문제가 된다.

주도적 인간은 따지기를 중단하고 숨을 크게 들이마신다.

그러고는 상황에 대해 다시 생각해본다. 분노를 행동으로 옮기는 대신 분노를 제어한다. 다른 주제에 대해 생각하거나 산책하거나 음악을 감상하는 등 마음을 진정시킬 수 있는 일을 한다. 삶이 내게 어떤 질문을 하고 있는지 자문해본다.

제인: 인간에게는 어떻게 반응할지 선택할 자유가 있다. 우리에게는 자아의식·상상력·양심·독립의지라는 타고난 자질이 있다. 자기 자신을 변화시킬 수 있으며 자발적으로 그런 변화를 꾀할 수 있다. 우리는 멈추는 방법을 배울 수 있고 선택의 결과를 살피기 위해 다시 생각하는 방법을 터득할 수도 있다. 자신이 중요시하는 가치를 토대로 선택을 내릴 수도 있다. 반응에 대해 책임질 수 있다.

존: 좀 더 구체적으로 설명해보겠다. 몇 년 전에 깨달은 사실인데, 제인과 결혼한 지 몇 년 지난 시점이었다. 직장에서 집으로 퇴근했을 때 제인과 아이들을 나무라는 태도를 보이는 나자신을 발견했다. 집에 와서는 "세상에, 집이 엉망이군. 하루종일 뭘 한 거요?"라고 물었던 것이다.

이런 말을 했을 때 결과가 어땠을까? 분명히 나는 제인에게 상처를 줬고 우리의 관계를 해쳤으며 상대방에게서 분노에 찬 반응을 이끌어냈다. 나는 과거의 태도와 옳지 않은 사고방식에 따라 행동했다. 다행스럽게도 나는 변화했다. 자아의식과 양심이라는 자질을 활용하여 내가 어떤 짓을 하고 있는지 깨달았다.

나의 해결책은 집에 들어가기 전에 집 앞의 진입로에서 정지 버튼을 누르는 것이었다. '내가 사랑하고 아끼는 모든 것이 저 집에 있다. 그렇기 때문에 날마다 일하러 가는 것이다.' 차에서 내려 집으로 향하면서 새롭고 주도적인 사고방식을 갖춘 다음 현관문을 열고 두 팔을 벌려 소리쳤다. "아빠가 집에 왔단다. 아빠를 얼마나 기다렸는지 볼까?" 숨 돌릴 틈도 없이 활짝 웃으면서 아이를 안아올렸다. 그러고는 아내에게 다가가 "오늘 하루 잘 지냈어요? 뭐 도와줄 일 있어요?"라고 물었다.

주도적인 삶을 사는 법을 터득하지 못했다면 어떻게 되었을까? 부정적인 감정이나 부정적인 가치를 억누르는 방법을 깨닫지 못했다면 어떻게 되었을까? 결과야 어떻게 되든 생각나는 대로 말을 했다면 어떻게 되었을까?

7가지 습관의 토대는 주도적인 삶을 살고 반응에 휘둘리지 말라는 것이다. 주도적인 삶을 살면 존중하고 서로를 인정하고 인내하며 관계를 지속하는 결과를 얻을 수 있다. 신뢰를 쌓아가는 비결인 것이다.

"인간성은 서로를 향한 헌신에서 비롯되며 그러한 헌신에서 가장 높은 수준에 있는 것이 결혼이다."

-제임스 Q. 윌슨

자신의 행동을 통제할
운전석에 앉은 사람은 나다

주도적인 사고방식을 가진 사람은 완벽한 두 사람이 만나야만 건강하고 인정적인 관계를 유지하는 것은 아니라고 말한다. 평생을 함께하고 서로 기쁨을 누리기 위해 필요한 변화를 감내할 의지만 있으면 된다.

제인: 많은 사람은 자신에게 일어나는 일을 통제할 수 없다고 생각한다. 사람들은 자신이 천성적으로 성질이 급하다고 말한다. 아버지와 할아버지를 비롯해 자신을 포함한 집안 사람들 모두가 성마른 기질을 가지고 있다고 말이다. 유전자가 그렇다는 것이다. 혹은 아침에 늘 기분이 다운되어 있다면서 대처 방법을 배우고 있지만 유전적으로 그렇게 정해져 있다고 단정한다.

또는 자신이 못된 사람이 된 건 가정환경 때문이라고 탓한다. 사랑스럽고 매력 있는 여성이 될 수도 있었겠지만, 누구라도 그 남자를 만났다면 퇴근해서 집에 갔을 때 나처럼 행동할 수밖에 없을 거라고 말한다. 자기 잘못이 아니라는 것이다.

진실을 말하자면 우리 모두가 유전자, 어릴 때나 현재의 환경에 영향을 받는다. 하지만 그것이 나를 결정짓는 요소는 아니다. 민족, 부모, 키를 스스로 정할 수는 없지만 타고난 요소에 어떻게 반응할지는 정할 수 있다. 배우자의 기분이나 기질이나 감정을 통제할 수 있는가? 아니다. 내가 어떻게 반응할지 선택할 수 있을 뿐이다.

존과 나는 대형 은행 직원을 위한 프로그램을 운영하고 있다. 프로그램이 끝난 후 우리는 관객을 직접 만나고 악수하고 눈을 바라보며 대화하고 좀 더 알기 위해 다가갔다. 몇 분 후 한 남성이 내 옆에 서 있는 것을 발견했다. 얼굴을 내게 가까이 들이대고 내 눈을 바라보면서 "주도적인 삶을 살라고 말했는데 평생 다혈질에 화를 잘 내는 성격으로 살아왔고 자신도 어찌할 수 없다면 어떻게 해야 합니까?"라고 물었다.

나는 그의 눈을 바라보면서 그렇다면 배우자와 아이들이 당신을 싫어할 거라고 답했다. 그는 나의 대답에 충격을 받은 듯했다. 분노한 그는 뒤돌아 가버렸다. 나 역시 뒤를 돌았고 그렇게 심한 말을 내뱉었다는 사실에 몸이 떨려왔다. 하지만 그의 말을 듣고 눈을 바라보는 동안 이 사람에게는 자신이 중요시하는 가치에 따라 반응을 선택할 역량이 있다는 것을 알 수 있었다.

폭력적으로 반응하고 분노하기로 선택했을 때 관계는 얼마나 파괴적으로 변할까?

또 다른 행사에서 있었던 일이다. 주도적인 삶을 살고 반응을 선택하라는 습관 1에 대한 강연을 막 마쳤을 때였다. 강연

장에 있던 한 여성이 손을 들고 물었다.

"저는 집에서 자주 큰 소리를 내곤 하는데, 그것도 제가 원했기 때문이라는 말씀인가요?"

그러자 청중이 답했다. "네, 맞아요."

다음날 존은 청중에게 "어제 강연을 들은 후 새로운 말이나 행동을 하신 분이 있나요?"라고 물었다.

어제 질문했던 그 여성이 손을 들었다.

"어제 집에 돌아가서 소리를 지르지 않기로 결심했어요. 남편과 의붓아들, 두 살 된 아이가 있는데 저는 날마다 가족들에게 소리를 질렀어요. 어젯밤에는 한 번도 그러지 않았고요. 이제 소리를 지르지 않을 수 있어요."

모두가 박수를 쳐줬다.

습관 1에 따르면, 우리는 운전석에 앉게 된다. 자신이 무엇을 생각할지, 어떤 말을 입 밖으로 낼지 결정할 수 있는 자리에 있다.

자신의 삶을 주도하라

이제 실제 생활에 적용해보자. 새롭고 주도적인 사고방식을 고려하면서 다음과 같은 질문을 스스로에게 던져보라.

- 관계 속에서 계속 유지하기를 원하는 주도적인 습관은 무엇이 인가?
- 중단하기를 원하는 반응형 습관에는 무엇이 있는가?
- 반응하는 대신 주도적인 삶을 살면 자신과 다른 사람을 행복하게 만들 수 있는 선택을 내릴 수 있다고 생각하는가?

'주도적인 삶'이란: 우리는 가장 중요하게 여기는 가치에 따라 반응을 선택할 수 있다.

'반응하는 삶'이란 : 상황이나 다른 사람, 그 순간의 느낌에 따라 반응한다.

"우리에게는 선택하고 날마다 자기 기분을 만들 수 있는 능력과 자유가 있다."

- 스티븐 코비

영향력의 원에 집중하라

주도적인 삶을 살면 자신이 영향을 미칠 수 있는 것에 집중하고 자신이 할 수 없는 일에 대해서는 걱정하지 않는다. 내면에서 시작해 밖으로 향하는 삶을 살게 된다.

삶에서 어떤 영향을 미칠 수 있는가

자신의 삶을 두 개의 원으로 생각해보자.

관심의 원: 내 삶에 관계되지만 내가 직접적인 영향력을 미칠 수 없는 영역이다.

영향력의 원: 살면서 나 자신을 비롯해 내가 직접적으로 영향력을 미칠 수 있는 영역이며 그것은 신뢰 등에 영향을 미칠 수 있다.

여러분의 삶을 볼 때 각 원 안에 어떤 요소가 들어 있는가?

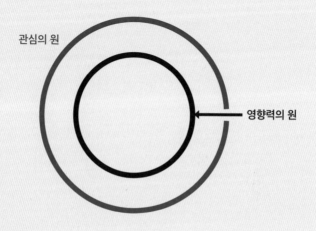

주도적인 삶은 '영향력의 원'에서
활동하는 것이다

1. 결혼생활에서 걱정이 되거나 종종 고민하는 상황을 간략하게 설명해보라.

_____

_____

_____

2. 위의 상황에서 자신이 통제할 수는 없지만 관심이 있는
   구체적인 문제는 무엇인가?

_____

_____

_____

3. 자신이 영향력을 미치거나 통제할 수 있는 일에는 무엇
   이 있는가?

_____

_____

_____

주도적인 선택은 어떻게 내릴 수 있을까

감정적인 상황에 반응하기에 앞서 자유의지에 따라 다음을

선택해보라.

1. **정지** : '정지 버튼'을 누른다.
2. **생각** : 주도적인 선택과 그에 따른 결과는 무엇인지 생각한다.
3. **선택** : 최선의 반응을 선택한다.

1. 정지하면 ─┐
2. 생각하면 ─┤ 일어나는 일 ⇒ 주도적인 반응
3. 선택하면 ─┘

배우자가 못된 말을 해서 화가 난 경우를 생각해보자. 영향력의 원 활동 안에서 위의 3단계 반응을 적용해보자.

정지: 다음에도 같은 일이 일어나면 '정지 버튼'을 누르기 위해 어떻게 할 것인가?

생각: 자신의 영향력의 원 안에 있는 주도적인 반응은 무엇인가?

선택: 위의 주도적인 반응 중 어떤 것이 최상의 결과를 가져올 것인가?

"우리에게 진정으로 중요한 것이
무엇인지 깨닫고 나면
우리 삶이 얼마나 변화하겠는가."

스티븐 코비

끝을 생각하며 시작하라

관계에 목적과 비전을 부여하라

습관 1은 주도적인 삶을 살라고 주문한다. 우리는 자기 자신, 생각, 태도, 행동에 책임이 있다. 피해자가 아니라 자기 자신에 대해 책임이 있는 사람이다. 자신에 대해 책임이 있다면 다음의 습관 2를 생각해보자.

자신에게 가장 중요한 것은 무엇인가?

결혼이 어떤 의미를 지니기를 원하는가?

중요하게 생각하는 가치는 무엇인가?

자신이 누구이며 중요시하는 가치는 무엇인지, 관계에서 맺은 약속을 통해 무엇을 추구하고 싶은지 분명한 그림을 그려야 한다.

끝을 염두에 두지 않고 각 퍼즐 조각 모으기

제인: 배우자와 함께 퍼즐을 맞춘다고 가정해보자. 이전에 퍼즐을 맞춰본 경험이 많다면 무척 흥분될 것이다. 수천 개의 조각을 커다란 탁자에 흩어놓고는 어떤 그림을 맞추는 것인지 보려고 상자를 집어들었는데 아무런 그림이 없다. 액자 속이 비어 있는 것이다. 전체 그림이 어떤 모양인지 모르는데 퍼즐을 모두 맞출 수 있을까? 완성된 그림이 어떤 모습일지 1초라도 살펴보면 충분히 맞출 수 있다. 전체 그림을 아느냐 모르느냐에 따라 퍼즐 맞추기는 큰 차이가 생긴다. 그림을 모른다면 어디에서부터 시작할지조차 알 수 없다.

이제 자신과 배우자, 수천 개 조각 간의 관계에 대해 생각해보자. 끝이 어떤 모습일지 생각하고 있는가? 결혼생활이 어떤 모습일지, 1년 후, 5년 후의 이미지가 분명하게 떠오르는가? 아니면 전혀 감을 잡을 수 없는가?

동반자 관계를 위한 비행 계획 세우기

습관 1은 자신이 인생의 승객이 아닌 운전자라는 점을 알려준다. 습관 2는 자신이 운전자이기 때문에 이제 두 사람이 어느 곳을 향할지 결정해야 한다고 주문한다. 목적지에 이르기 위한 지도를 그려보자.

두 사람은 어떤 활동을 함께하기를 좋아하는가?

함께 머물기를 원하는 이유는 무엇인가?

어려운 시기에 포기하는 대신 고난을 헤쳐나가려고 하는 이유는 무엇인가?

습관 2에서는 관계의 사명 선언서를 작성한다. 사명 선언서를 액자에 넣어서 침실에 걸어두라. 서로를 향한 약속을 시각적으로 상기시켜주는 역할을 한다. 두 사람이 정신적/지적, 신체적, 영적으로 충실할 것을 서로에게 약속하는 것이다.

결혼은 단순히 아이를 양육하거나 가사를 분담하거나 성관계를 맺는 관계가 아니다. 함께 새로운 인생을 만들어나가는 관계다. 상징, 전통, 의식을 통해 가정을 풍요롭게 만들어나가는 것이다. 결혼을 통해 두 사람은 하나가 되고, '가족의 일부가 되고 가정을 꾸린다는 것'의 의미를 이해하게 된다.

결혼 사명 선언서는 어떻게 작성할까? 서로에게 온전히 집중할 수 있는 조용한 시간에 다음과 같은 질문을 해보라.

어린 시절에 연말연시나 명절 등 가족이 함께 보냈던 순간에 대해 기억나는 것이 있는가?
내가 지켜온 전통은 무엇인가?
우리 가정에서 받아들여야 할 전통은 무엇인가?
시작하기를 원하지만 아직 시도하지 않은 전통이 있는가?

습관 2는 동반자 관계에서 무엇을 지지하고 싶은지를 정의하는 것이다. 5년 뒤, 10년 뒤의 결혼생활이 어떤 모습이기를 원하는가? 세상이 어떻게 변할지 우리가 결정할 수는 없지만 우리 가정이 어떤 모습이기를 원하는지는 충분히 결정할 수 있다.

"결혼은 많은 순간에 어려움을 겪는다! 중요한 것은 목적지를 잊지 않고 그 방향으로 계속 돌아오는 것이다."

- 스티븐 코비

관계에서 어떤 가치를 추구하는가

결혼의 청사진을 어떻게 시작하면 좋을까? 각자 정한 다음 함께 모여서 인생과 결혼에서 무엇이 중요한지 결정해보라. 이것은 당사자가 결정해야만 하는 일이다. 자신에게 무엇이 중요한지 모른다면 대체 누가 안단 말인가? 중요하게 여기는 가치를 두 사람이 결정하지 못한다면 누가 대신 결정해줄까? TV나 영화인가? 결혼에서 무엇이 최선인지를 문화가 결정할 수 있을까? 30년 전에는 문화가 가정에 친화적이었다. 그러나 오늘날의 문화에서는 결혼을 해롭고 가족에게 상처 입히는 관계로 묘사한다.

사례: 서로의 차이를 좁힐 수 없고 결혼을 유지하기 어려운 고난이 닥쳤습니다.

스티븐: 많은 경우 이혼은 신체적 학대나 불륜과 같은 배신에서 비롯되지만, 흔하게는 나선형의 2가지 선택적 사고가 관계를 악화시킨 결과입니다. 이러한 사고방식이나 마음 자세를 갖게 되면 사랑이 경멸로 변합니다.

어떤 결혼생활은 악의적인 대논쟁으로 변질됩니다. 가족들은 완전히 선한 편 아니면 완전히 악한 편이 되어 '네 편에 맞서는 내 편'으로 나뉩니다.

공공연한 갈등보다는 정서적 학대와 같은 미묘한 형태의 갈등을 겪는 가정도 있습니다. 누가 누구를 더 비참하게 만드는지 알아보기 위한 비뚤어진 경쟁이 벌어지면서 저급한 다툼, 트집 잡기, 험담 등을 일삼는 것입니다. "나를 사랑한다면 쓰레기를 버려줬겠지요" "나는 온종일 힘들게 일하는데 고맙게 여기기나 했나요?" "걔들은 당신 애들이잖아요." 눈치채지 못하는 사이에 둘 사이의 벽이 점점 높아져 차가운 침묵이 지배하게 됩니다.

'성격 차이'는 이혼 사유로 가장 많이 언급되는 요인입니다. 재정적, 감정적, 사회적, 성적 문제 등 다양한 문제를 성격 차이로 묘사할 수 있으나 결국 서로 다름을 인정하지 않고 분노하는 문제로 귀결됩니다. "우리는 서로 눈을 마주 본 적이 한 번도 없어요" "아내가 어떤 생각을 하는지 이해할 수가 없어요" "남편 말은 전혀 논리적이지 않아요." 시간이 흐르면서 절망감이 감돌고 이혼만이 유일한 희망으로 보이게 됩니다.

반면 위대한 결혼은 배우자가 서로 다름을 가치 있게 여기는 태도로만 달성할 수 있습니다. 이들은 각자가 결혼하면서 만나게 되는 서로의 문화, 기벽, 재능, 강점, 습관적 행동, 본능을 기쁨과 창의성의 원천으로 여깁니다. 남편은 성급한 성격으로 인해 장부를 기록하는 데에는 무척 취약하지만 즉흥적으로 유머를 발휘해서 즐거움을 줍니다. 아내의 절제가 남편에게 때때로 불만을 주지만 고귀한 태도로 경외감이 들게 하고 매력마저 느끼게 합니다. 서로를 무척 아끼기 때문에 기쁘고 품위 있게 서로 어울릴 수 있습니다.

두 사람이 결혼하면 제3의 대안을 찾을 수 있는 기회가 마련됩니다. 이전에는 전혀 존재하지 않았고 앞으로도 존재하지 않을 특별한 가족 문화가 생기는 것입니다.

두 사람은 개인이 타고난 특성을 넘어 완전하게 형성된 사회적 문화, 신념, 규범, 가치, 전통, 언어로 자신을 나타냅니다. 한 사람은 깊은 관계를 유지하지만 서로 다소 소원하며 갈등을 억누르거나 조용히 처리하는 가정에서 자라났을 수 있습니다. 반면, 다른 한 사람은 관계가 소란스럽고 애정이 넘치며 갈등도 화산처럼 분출되었다가 순식간에 잦아들고 잊히는 문화의 가정에서 자라났을 수 있습니다.

이제 서로 다른 두 사람이 만나 새로운 문화가 태어납니다. 시너지는 기존에 존재하던 두 문화 간의 관계에서 발생합니다. 동반자들의 사고방식에 따라 긍정적인 시너지가 되거나 부정적인 시너지가 될 수 있습니다. 서로 다름을 위협으로 인식한다면 큰 문제가 생길 것입니다. 반면 서로 다름을 기쁘게 여기고 서로에 대해 배우며 상대의 새롭고 특이한 점을 탐색한다면 풍요로운 가정생활을 할 것입니다.

누군가가 "아내와의 결혼은 외국을 여행하는 것과 같았습니다.

처음에는 특이한 관습에 익숙해지는 것이 흥미로웠어요. 아내도 비슷한 방식으로 느꼈지만 이제는 그 탐험이 절대 끝나지 않는다는 것을 압니다. 최고의 모험이라고 할 수 있어요"라고 말한 적이 있습니다.

여기서 잊지 말아야 할 점이 있습니다. '서로 다름의 가치를 인정하라'의 의미가 불법적이거나 불쾌한 일을 모두 참으라는 뜻은 아닙니다. 누구도 중독을 견디거나 관련 기관의 도움을 받지 않고 감정적인 학대나 신체적 학대 관계를 유지해서는 안 됩니다. 용기를 내서 학대 행동에 즉각 정면으로 맞서야 합니다.

물론 불법적인 행동이 없더라도 결혼생활에서는 갈등이 종종 일어납니다. 가치, 신념, 기대가 맞부딪치면서 두 문화가 충돌하기 때문입니다. 싸우거나 남을 아프게 하려고 결혼하는 사람은 없습니다. 하지만 전체 결혼의 절반은 파국을 맞습니다. 두 문화를 뛰어넘어 서로 발전할 수 있는 제3의 대안을 찾지 못하기 때문입니다. 이미 언급한 제안 외에도 두 사람을 묶어주는 더 높은 가치를 발견하기를 권합니다. 특히 더 이상 좁힐 수 없는 차이가 그리 해롭지 않은 차이라면 더 높은 가치를 찾으십시오. 그러면 확산적 문제가 아닌 수렴적 문제가 됩니다. 다시 말해 서로 반대 방향으로 가지 않고 자녀, 자녀의 행복, 성장과 같은 더 높은 가치를 중심으로 화합하게 됩니다. 이러한 과정 속에서 이른바 '좁힐 수 없는 차이'는 부수적이고 부차적인 것이 됩니다.

관계 사명 선언서를 개발하라

존: 이제 습관 2에 대해 약속해보자. 끝을 생각하며 시작하고 서로 대화를 통해 비전을 공유했다면, 결혼생활과 가정에서 어떤 목표를 지향하는지 알고 가정에서 자신과 다른 가족을 더 행복하게 만드는 선택을 내리게 된다.

결혼 사명 선언서는 인생의 주요 목적과 가치를 담고 있으며 비전과 방향을 제시한다. 부부가 중요한 결정을 내릴 때 '예, 아니오'라고 말해야 하는 경우가 언제인지를 알려준다. 다음은 부부가 작성한 사명 선언서의 예다.

서로 사랑한다.

서로 돕는다.

서로를 신뢰한다.

우리의 시간, 재능, 자원을 활용하여 남을 돕는다.

또 다른 사명 선언서는 다음과 같다.

"우리는 동등한 동반자로서 사랑하고 즐기고 가르쳐주고 배우기를 원한다. 우리는 한 팀이기 때문이다."

또는 이런 예도 있다.

"서로를 탓하거나 비난하지 않는다. 그 대신 상대방에게 '내가 이해할 수 있도록 도와줘요'라고 요청한다."

우리 부부의 사명 선언서는 아주 짧다. '**빈자리는 없다**'는 것이다. 이별이나 사별로 한 사람을 잃더라도 감정적으로는 절대 잊힌 존재가 아니라는 의미다. 감정적으로 모두가 구성원에 포함되기를 바라는 것이다.

여러분은 어떤 사명 선언서를 작성할 것인가? 영감을 주는 사명 선언서를 만들어서 액자에 끼우고 벽에 붙여보라. 이 사명 선언서가 결혼생활의 청사진이다. 두 사람이 5년 뒤에 어디에 있기를 바라는지 알려준다. 또한 두 사람 그 자체이기도 하다.

각자 자신이 생각하는 결혼의 가치를 적어본다

15분 동안 부부가 각자 자기만의 시간을 가져볼 것을 권한다. TV와 스마트폰을 끄고 방해받지 않는 공간에서 연필과 빈 종이를 들고 자신의 결혼이 어떤 의미를 지니기를 원하는지 써보라. 5분 동안 쉬지 않고 쓰면서 종이를 채워야 한다. 나만을 위한 글이므로 문법이나 철자를 신경 쓰지 않아도 된다.

이제 두 사람이 각자 작성한 글을 비교해본다. 각자가 중요시하는 가치가 무엇인지 확인할 수 있는 시간이다. 결혼의 가치를 잘 표현하는 것으로 보이는 한두 문장을 함께 선택해보라. 나와 배우자에게 가장 중요한 것이 무엇인지 확인하는 일이 중요하다. 이것이 바로 부부가 중요시하는 가치다. 가치는 사람, 사물, 원칙에 부여하는 우선순위다.

다음 사명 선언서를 마무리하여 각자가 가장 중요시하는 가치가 무엇인지 살펴보라. 이렇게 시작해보자.

내게 가장 중요한 것 알아보기

1. 내게 가장 중요한 세 가지는?
2. 가장 높이 평가하는 성격적 특성은?
3. 인생을 걸 수 있는 한 가지는?

부부가 함께하기를 원하는 것 알아보기

4. 배우자가 나를 어떻게 대해주기를 원하는지 표현하는 단어는?

5. 우리 결혼의 두 가지 주요 목적은?

6. 배우자가 알았으면 하는 한 가지는?

서로를 존중하는 방법 알아보기

7. 지인들이 우리에게 환영받는다고 느끼는 때는?

8. 우리가 다른 사람을 위한 일을 하면서 가장 좋았던 순간은?

9. 사람들이 우리 관계에 대해 말해줬으면 하는 한 가지는?

"'나의 결혼생활 내내 가장 큰 영향을 미친 한 가지가 무엇인가?'라고 묻는다면 '배우자와 함께 부부의 사명 선언서를 작성한 것'이라고 대답할 것이다. 이는 우리가 할 수 있는 가장 중요하면서도 폭넓은 영향을 미치는 단 하나의 리더십 활동이다."

                        - 스티븐 코비

부부간 헌법, 부부 사명 선언서 만들기

이제 각자의 아이디어를 조합하여 부부의 사명 선언서를 만든다. 부부의 사명 선언서는 두 사람이 함께 살아나가면서 의사결정을 내릴 때 도움을 주는 부부간 헌법과도 같다. 가정의 목적과 가치를 나타내며 부부가 정한 원칙에 따라 미래를 만들어가도록 해준다. 사명 선언서에는 여러 형태가 있다. 긴 선언서도 있고 짧은 선언서도 있다. 격언의 형태일 수도 있고 구절, 그림, 시, 노래일 수도 있다. 두 사람의 동반자 관계에 적합한 형태이면 된다. 작성할 때 기본 원칙은 아래 세 가지다.

1. 존중하며 듣는다.
2. 정확하게 다시 말한다.
3. 표현을 녹음하거나 기록한다.

다음 단계를 따라 부부 사명 선언서 작성을 시작해보라.

1단계: 관계에서 가장 중요한 요소 살펴보기

배우자와 다음 질문을 토론해보라.
1. 우리는 서로를 어떻게 대하는가?

2. 한 팀으로서 우리는 어떤 특별한 기여를 할 수 있는가?

3. 서로가 원하는 큰 목표는 무엇인가?

4. 각자 어떤 특별한 재능과 기술을 지녔는가? 서로를 보완하는 특별한 재능과 기술은 무엇인가?

5. 우리의 인생에서 가장 중요한 것은 무엇인가?

6. 부부로서 우리의 정체성은 무엇인가?

7. 집에 돌아오고 싶은 이유는 무엇인가?

8. 부부로서 우리에게 가장 중요한 것은 무엇인가?

9. 우리 가정에서 최우선 순위는 무엇인가?

10. 우리 가족이 어떤 원칙에 따라 운영되기를 바라는가?
   (신뢰, 정직, 친절, 봉사의 원칙 등)

그 밖에 고려할 사항은 다음과 같다.

- 부모로서 부부가 어떻게 행동하기를 원하는가?
- 서로를 어떻게 대할 것인가?
- 생활비는 어떻게 마련할 것인가?
- 자녀들을 어떻게 대할 것인가?
- 어떤 부모가 되기를 바라는가?
- 어떤 배우자가 되기를 바라는가?
- 배우자의 포부와 책임을 어떻게 격려하고 도와줄 수 있

을까?

- 사명 선언서에 포함할 아이디어, 단어, 문구를 브레인스
토밍한다. 나쁜 아이디어는 없다는 점을 명심한다.
- 사명 선언서를 작성하기 시작하되 앉은자리에서 마무리
할 필요는 없다. 두 사람이 결과물에 만족할 때까지 작업
을 계속 이어갈 수 있다.
- 사명 선언서를 집 안에서 두 사람이 볼 수 있도록 눈에
잘 띄는 자리에 붙이고 의사결정을 하거나 논쟁이 있을
때 고려한다.

2단계: 부부 사명 선언서 작성하기

훌륭한 부부 사명 선언서의 기준은 다음과 같다.

- 세월이 흘러도 변하지 않는 내용을 담는다.
- 목적과 수단을 모두 다룬다. 또는 원하는 결과가 무엇이
며 어떻게 목적을 달성할지를 담는다.

부부 사명 선언서의 4가지 요소

1. 가정의 바람직한 특징

2. 가족 구성원에 대한 바람직한 영향력

3. 의미 있는 목적

4. 서로가 인정하는 원칙

사명 선언서 작성 시 주의할 점

1. 서둘러 작성하지 말 것

2. 지시하지 말 것

3. 잊지 말 것

....

사례: 혼합 가정을 이루는 부부가 사명 선언서를 작성하려 합니다.

두 가정이 만나 새로운 가정을 이룰 때 독특한 문제에 부딪힙니다. 잘 맞는 사람들이 만났다면 모든 가족 구성원이 지속적이고 의미 있는 관계를 유지할 수 있습니다. 가족 사명 선언서에 다음의 제안을 포함하도록 고려해보세요. 우선 시간을 마련해 결혼 사명 선언서를 작성하고 두 사람이 가정에서 통일되고 안정적인 구심점이 되어야 함을 기억하세요. 혼합 가정을 이룬 목적을 다시한번 확인하세요. 서로가 공통으로 가지고 있는 강점, 가치, 원칙에 의견을 모으세요. 두 사람이 한 팀을 이룰 방법을 정하고 배려 넘치고 세심하게 가족의 리더십 책임을 공유하세요.

누가 아이들을 훈육할지, 훈육 시기와 방법은 무엇인지 상의하세요. 애정 넘치는 관계가 유지되면서도 (처벌이 아닌) 교정과 성장이 이뤄지도록 훈육에 대한 구체적인 방법에 의견을 모으세요. 부모로서 서로에게 힘을 실어주세요. 데이트하는 시간을 갖고 정기적으로 함께 시간을 보내세요. 원칙을 실천하고 혼합 가정이 추구하기를 바라는 가치를 몸소 보여주세요. 이 과정에 시간이 들 수도 있지만 신뢰를 얻게 될 것입니다.

한 명 한 명의 자녀와 따뜻하고 사랑 넘치는 관계를 형성해보세요. 여기에도 시간이 걸릴 것입니다. 부모이자 진정한 친구가 되어주세요. 신뢰를 쌓고 이해하며 들어주고 소소한 친절을 베푸는 등으로 정서적인 은행계좌에 정기적으로 저축을 하세요.

부모 스스로가 아이들과 따뜻하고 신뢰 넘치는 관계를 형성했다고 느끼고 자녀들도 자신의 의견이 존중되고 이해받는다고 느끼면, 부모가 영향을 미칠 수 있게 됩니다. 이때가 가족 사명 선언서를 작성하고 가정의 공통 비전을 만들기에 적합한 시기입니다. 모든 가족 구성원이 이 과정에 참여하여 모두가 가족 사명 선언서에 주인 의식을 느끼게 하세요. 인내심을 갖고 여유 있게 진행하세요.

사례: 조부모 입장에서 부부 사명 선언서를 작성하고 '빈 둥지 증후군' 을 잘 이겨내고 싶습니다.

수십 년의 결혼생활과 여러 해의 자녀 양육을 마친 두 사람은 이 제 집에 자신과 배우자만 남아 있는 시기로 접어들게 됩니다. 그 동안 아이 키우는 일에만 관심을 쏟다 보니 두 사람만의 시간을 갖는 것에 약간 두려움을 느낄 수도 있습니다. 하지만 이제 손주 들을 만나는 기쁨을 누리게 됩니다. 누군가 말했습니다. 파리에서 아름다운 노을빛을 보고 뉴욕에서는 천상의 빛을 봤지만, 손주들 을 데리고 돌아가는 자녀들의 뒷모습에서 퍼져나오는 빛처럼 아 름다운 빛은 없다고요. 냉소적인 표현이기는 해도 그들이 가면 이 제 얼마간의 개인 시간을 즐기게 됩니다. 하지만 솔직히 내게 가 장 행복한 시간이 언제인지를 묻는다면 손주들과 시간을 보내고 아이들이 주변에 있을 때라고 말하겠습니다.

할머니, 할아버지가 되면 자신의 삶에 대해, 장성한 자녀 및 손주 들과 어떤 관계를 맺을지에 대해 사명 선언서를 작성하고 싶을 것 입니다. 현명한 부모로서 장성한 자녀를 세심하고 사려 깊은 방법 으로 도와줄 절호의 시기임을 잊지 말기 바랍니다.

자녀들은 부모의 손길을 필요로 합니다. 인생의 모든 시기에 도움 이 필요합니다. 자녀들은 그런 필요를 겉으로 말하지는 않더라도

속으로는 느끼고 있습니다.

부모도 어른이 된 자녀와 그 가정을 도울 방법을 사명 선언서에 포함하고 싶을 수 있습니다. 손주들은 조부모의 부부 사명 선언서를 살펴보고 부모와 조부모의 역할을 검토하고 재정립함으로써 자신의 사명 선언서를 새롭게 개발할 수 있습니다. 미래의 꿈이 무엇인지 생각해보세요. 은퇴와 더불어 앞으로 배우자를 잃는 등 노년기의 어려움을 해결할 방법을 진지하게 고민하고 계획하세요.

조부모는 3대의 사명 선언서에 대해 생각해볼 수 있습니다. 휴가, 연말연시, 생일 등 3대 모두가 함께하는 활동을 생각해보세요. 그들과 연락을 유지하고 관계를 지속하기 위해 가족이 어떤 활동을 하기를 원하나요? 자녀, 손주와 함께 3대의 사명 선언서를 작성하는 방안을 고려해보세요.

"대다수의 사람은 급한 일에
지나치게 많은 시간을 허비할 뿐
정작 중요한 일에는
충분한 시간을 쓰지 않는다."

스티븐 코비

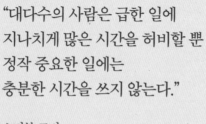

소중한 것을 먼저 하라

부부만을 위한 시간을 만들어라

소중한 것부터 먼저 해보자.

제인: 마리사와 루이스 부부의 일화를 소개하려고 한다. 마리사와 루이스는 네 살짜리 쌍둥이 아들과 마리사의 어머니와 함께 브라질에서 애리조나로 이주했다. 아파트를 임대하면서 마리사의 어머니가 묵을 작은 아파트도 인근에 마련했다. 루이스는 병원에서 보수작업을 하는 일을 시작했고 마리사도 취직했다. 두 사람은 아이들을 보육 시설에 맡겼다.

몇 달이 지나 루이스는 솜씨를 인정받았고 주간보다 야간에 일이 더 많은 상황이 되었다. 마리사는 적은 급여라도 벌기 위해 열심히 일하면서 어머니를 돌봤으며 피곤하고 지친 상태에서 집으로 돌아왔다. 어느 날 보육 시설에서 쌍둥이가 서로 싸우고 다른 아이들과도 다툰다는 연락을 받았다. 마리사와 루이스는 깜깜한 밤에 운항하는 두 척의 배처럼 지쳐 있었고 서로에게 신물이 난 상태였다.

마리사는 루이스와 대화하기 위해 예고도 없이 병원을 찾아왔다. 긴 복도를 걷다가 남편이 벽에 기대어 젊은 라틴계 여성과 친밀하게 이야기하는 모습을 목격했다. 마리사는 그 모습을 지켜보면서 루이스가 얼마나 잘생긴 사내인지를 자신이 그동안 잊고 있었다는 점을 깨달았다. 또한 루이스와의 결혼생활이 끝날 수도 있으며 결별하게 되면 지금까지 쌓아온 모든 것을 잃을지도 모른다는 생각이 들었다.

그날 저녁 마리사와 루이스는 대화를 나눴고 중요한 결정을 내렸다. 마리사는 일을 그만두고 싶다고 말했다. 고된 일이었음에도 급여가 너무 적었던 탓이다. 그녀는 어머니를 모셔와서 함께 살면 돈을 절약할 수 있을 것이라고 했다. 또한 두 사람은 아이들을 더 이상 보육 시설에서 맡기지 않고 가정에서 키우기로 했다.

나중에 마리사에게 상황이 어떻게 되었는지를 묻자, 한 사람의 소득으로 살아가는 일이 쉽지는 않지만 루이스가 퇴근할 때 자신은 편안함을 느낀다고 답했다.

두 사람의 관계는 그 어느 때보다도 친밀했고 아이들과도 일요일마다 공원을 찾으며 시간을 보냈다. 마리사와 루이스는

"결혼은 부차적인 쇼가 아니라 가장 중요한 무대이며 그 무대를 지키기 위해 노력한다"고 말했다.

이는 인생이 제대로 흘러가고 있지 않다고 판단하고 그것을 해결하기 위해 마주 앉아 대화를 나눈 부부의 일화다. 두 사람은 변화를 위해 주도적으로 결정을 내렸다. 다른 사람이나 나는 이런 선택을 내리지 않을 수도 있지만 중요한 점은 이것이 아니다. 마리사와 루이스가 부수적인 쇼가 아닌 중요한 무대를 이어가기 위해 변화를 시도했다는 점이다.

사례: 결혼을 최우선으로 두기 위해 해야 할 일은 무엇인가요?

제인: 우리는 일대일 시간을 갖기 위해 노력해왔습니다. 함께 일대일 시간을 갖도록 의식적으로 노력해야 합니다. 저절로 이뤄지지는 않습니다. 따로 시간을 할애해 '우리만의 시간'으로 정하고 그 시간을 소중히 여겨야 합니다.

존: 함께 앉아서 일주일을 계획하고 기대를 공유하는 계획 시간을 가지세요. 달력에 가장 중요한 일정과 여러분의 관계에서 가장 중요한 사람들(큰 바위)에 대해 적어보세요. 달력에 큰 바위를 먼저 채워넣어야 합니다. 큰 바위는 가장 중요한 우선순위로 신념, 배우자 등입니다.

가장 중요한 일에 시간 들이기

결혼에서 우선순위를 어떻게 매기는가? 어떻게 끝을 생각하면서 시작하는가? 배우자나 동반자와 일대일 대화를 나누는 시간을 따로 정하라. 우선 두 사람의 관계를 위해 의식적인 노력을 기울여야 한다. 날마다 배우자나 동반자가 얼마나 자신에게 중요한 사람인지 말하라. 상대방을 위해 어떤 노력을 기울이는지 고백하라. 여러분은 배우자나 동반자를 새롭게 하는 사람이다. 또한 매주 관계를 점검하는 시간을 갖는 것이 좋다.

일주일에 한 번만이라도 둘만의 시간을 따로 가질 때, 관계에 어떤 마법이 일어나는지 이야기해보자. 그런 시간을 계획하라고 말하는 이유가 무엇일까? 그 시간을 내기 위해 계획하고 희생하지 않으면 절대 저절로 일어나지 않기 때문이다. 오늘날과 같은 바쁜 세상에서는 결코 일어나지 않는다.

다음 주에 배우자나 동반자와 따로 한 시간을 보낸다면 무슨 일을 할 수 있을까? 존과 제인의 경우 일요일 오전이 적합한 시간이다. 아직 파자마 차림인 제인에게 존은 보통 "달력을 가져와서 10분 동안 이야기합시다"라고 말한다. 10분도 시간을 못 내는 사람이 어디 있을까? 어느 한쪽이 시간을 계획하면 된다. 한 사람이 그런 비전을 유지하면 가능하다.

왜 함께 일대일 시간을 보내야 할까? 왜 매주 관계를 돈독히 하는 시간을 가져야 할까? 관계를 우선시하지 않으면 배우자를 가치 있는 존재로 여기지 않게 되며, 둘의 관계에 대해 완전히 신뢰하지 않을 수 있기 때문이다. 가치가 없다고 느끼면 크게 신뢰할 수 없는 법이다.

성공적인 결혼을 위해 동반자 관계를 우선시하기

오늘날 관계가 깨지는 가장 첫 번째 이유는 부정을 야기하는 원인과 동일하다. 부부나 커플이 자신들의 관계를 가장 우선시하지 않기 때문이다. 사람들은 자신의 일, 자녀, 공동체 관계, 취미, 스포츠에 시간을 들이지만 배우자나 동반자는 당연시한다. 그래서는 안 된다. 다시 말하자면 끈끈한 관계를 유지하기 위해서는 그 무엇, 그 누구, 심지어 자녀보다 배우자나 동반자를 우선시해야 한다.

활동 계획에 소중한 것을 먼저 집어넣어라

이제 습관 3을 테스트해보자. 우리는 소중한 것을 먼저 하면 더 나은 선택을 하고 자신과 가정의 모든 사람을 더 행복하게 한다고 믿는다.

소중한 것을 먼저 하라는 말은 얼핏 쉬운 일처럼 들리지만, 너무 많은 일이 중요한 것으로 가장하고 있기 때문에 무척 어려운 일이다. 매일 아침, 주의를 분산시키는 일에서 잠시 벗어나 조용히 시간을 갖고 가장 중요한 활동을 계획해보라. 여기에는 자신을 위한 시간, 관계를 위한 시간이 포함된다.

우리를 위한 시간 만들기

성공적인 결혼생활을 위해서는 다음을 확인하여 소중한 것을 먼저 해야 한다.

- **큰 바위**: 가장 중요한 것
- **작은 바위**: 덜 중요한 것

"일정에 큰 바위를 먼저 넣지 않으면 거의 집어넣을 수 없다. 먼저 큰 바위를 넣으면 깊은 곳에서 내면의 평안을 느낄 수 있다."

– 스티븐 코비

큰 바위를 위한 시간 만들기

부부는 무엇이 가장 중요한지 간과하기 쉽다. 하지만 큰 바위에 집중하고 행동하면 소통하고 신뢰를 쌓을 수 있다. 대부분의 결혼생활에서 두 개의 큰 바위는 바로 일대일 시간을 갖는 것과 우리 가족만의 전통을 만드는 것이다.

큰 바위 1: 일대일 시간

일대일 시간을 갖는 시기는 결혼생활에서 가장 중요한 일의 대부분을 마쳤을 때가 적기다. 이때 가장 깊은 관계를 쌓을 수 있다. 배우자와 함께한 의미 있는 일대일 시간을 떠올려보고 아래의 빈칸을 채워보라.

• 두 사람이 함께한 시간이 특별했던 이유는 무엇인가?

_____

_____

_____

_____

• 배우자나 동반자가 즐거워했던 일대일 활동은 무엇인가?
  (일대일 활동 열거하기)

_____

_____

_____

_____

큰 바위 2: 전통 만들기

• 두 사람이 함께 만든 특별한 전통은 무엇인가?

_____

_____

_____

_____

_____

• 전통은 두 사람을 어떻게 하나로 묶어주는가?

_____

_____

_____

_____

배우자/동반자 활동

현재 배우자나 동반자와 무언가를 함께 계획하는 시스템이 마련되어 있지 않다면 이제 계획해보라. (이것은 훌륭한 선물이자 장기적으로 이익을 얻을 수 있는 투자다.)

배우자나 동반자에게 그동안 크게 시간을 낭비한 일이 무엇이며 그것에 대해 어떻게 조치해야 하는지 목록을 작성하라고 요청해보자. 그러고는 둘만의 시간을 계획한다. 또한 가족이 영화를 보러 가거나 외식을 하거나 게임을 하거나 함께 저녁을 요리해 먹는 등 가족 모두가 참여하는 가족 시간을 일주일에 두세 시간 정도 정한다. 이 시간을 지키고 전통으로 만든다. 이날은 가족의 모든 구성원이 달력과 플래너에 표시해놓아야 한다.

"둘만의 시간을 갖고
관계에 마법을 불어넣으세요."

제인 코비

"알면서 실천하지 않는 것은
알지 못하는 것과 같음을 기억하라.
배우고 실천하지 않는 것은
배우지 않은 것과 같다."

스티븐 코비

승-승을 생각하라

관계에서 신뢰 쌓기

제인: 습관 4는 '승-승을 생각하라'다. 내가 이기고 상대방이 지는 것이 아니라 상호 이익을 생각하고 모두 이길 수 있는 방안을 생각하는 것이다. 즉 상대방에게 가장 좋고 내게도 좋은 것을 선택하는 것이다. 결혼생활에서 어느 한 편이 패하는 것은 결국 관계가 패하는 것이다.

존: 습관 4인 '승-승을 생각하라'는 관계가 어떻게 기능하는지에 대한 것이다. 관계는 마치 감정적인 은행계좌와 같다. 날마다 배우자의 감정은행계좌에 감정적인 저축을 하거나 예금을 인출하는 것이다.

15년 동안 함께 산 셰리와 르후안에게서 저축과 인출에 대한 이야기를 들어보자.

토요일 오전 8시 셰리가 외친다.

"여보, 좋은 아침이에요. 당신이 좋아하는 치즈 오믈렛 만들었어요."

오전 8시 15분: 르후안, 깨끗이 세탁한 양말과 티셔츠를 접어 침대 옆에 놨어요.

오전 8시 25분: 당신의 게으름뱅이 동생이 또 전화를 했네요. 돈을 더 달라는 거겠죠. 어떻게 하면 좋을까요?

오전 9시: 오늘 12시에 케일리의 축구 경기가 있어요. TV로 축구 볼 시간이 없을 정도로 바쁘지 않다면 와서 같이 응원하면 좋겠네요.

이제 오후가 되었다.

오후 5시 30분: 세차해줘서 고마워요. 깜짝 선물이네요, 르후안.

오후 5시 35분: 엄마가 전화했었다는데 내게 말하는 걸 잊었어요? 고맙군요.

오후 6시: 외식하러 나가자고요?

오후 9시 30분: 그 망할 게임 좀 꺼요, 르후안. 당신은 온통 축구에만 관심이 있네요.

오후 10시: 탄산음료 캔이랑 접시를 바닥에 뒀네요. 당신은 정말 게을러요. 내가 당신 종인가요? 내가 소리치는 걸 듣는 게 좋아요?

당신이 르후안이라면 하루가 저물 무렵, 둘의 관계를 돌아보며 어떤 기분이 들 것 같은가? 좋은 순간도 있고 나쁜 순간도 있는가? 인출이 많은가, 저축이 많은가?

감정은행계좌는 내가 타인과 맺는 관계의 질을 나타낸다

이제 동반자 관계에 대해 생각해보자. 배우자의 감정은행계좌 통장에 정기적으로 예금하는가, 아니면 항상 인출만 하는가? 당신의 말과 행동이 신뢰의 관계를 쌓는가, 아니면 빼앗는가? 안정적인 동반자 관계를 유지하기 위해서는 한 번 인출할 때마다 최소한 다섯 번 저축해야 한다.

때로는 배우자에 대한 감정적 저축이 무엇인지 안다고 생각하지만, 실제로는 감정의 인출을 하고 있을지도 모른다.

줄리아와 알의 경우를 보자.

줄리아와 알은 3년 전 결혼했다. 두 사람에게는 아기가 한 명 있고 알은 이라크에 파병 갔다가 최근 돌아왔다. 줄리아는 알과 함께 휴가를 보내면서 3일 동안 캘리포니아의 멋진 호텔에 묵었으면 좋겠다고 생각한다. 줄리아의 어머니가 아이를 봐주기로 했다. 2주 뒤 두 사람은 휴가지에서 집으로 돌아왔고 줄리아는 알이 형제와 통화하는 것을 엿듣게 되었다.

"줄리아랑 캘리포니아 여행이 어땠는지 알아? 줄리아와 있는 건 좋았지만 사실은 집에 오고 싶었어."

알이 통화를 마치자 줄리아는 그에게 따졌다. "집에 너무 오고 싶었다고요?" 그녀는 거의 고함을 지르고 있다. "어떻게 그런 생각을 할 수 있어요?"

알이 대답했다. "미안해요, 줄리아. 하지만 그 여행이 어땠는지 내 이야기도 들어줘요. 당신이 '알, 당신을 위한 여행인데 뭘 하고 싶어요?'라고 물었죠. 나는 수영을 하러 가서 해변을 걷자고 했죠. 그랬더니 당신은 '싫어요, 햇볕을 쬐는 건 별로예요. 피부에 안 좋단 말이에요. 쇼핑하러 가요'라고 하더군요. 그래서 나는 한숨을 쉬었어요. 이번에 당신은 '저녁에 어디로 식사하러 가고 싶어요, 알?'이라고 물었어요. 온종일 가게를 들락거린 후라 괜찮은 멕시코 요리를 먹는 게 어떤지 제안했더니 당신은 '아니, 싫어요. 나는 샐러드바에서 수프와 샐러드를 먹고 싶어요'라고 했고요. 일요일 오전에 당신은 '오늘 뭘 하면 좋을까요?'라고 물었고 골프장에서 9홀 경기를 하자고 했더니 '야구를 보러 가야 해요'라고 말했죠. 날마다 당신은 내게 무엇을 하고 싶은지 묻고는 당신이 하고 싶은 일만 했어요. 당신이랑 다니는 건 좋았지만……."

"왜 내게 말하지 않았어요?" 줄리아가 외치자 알이 대답했다. "당신이 계획했고 당신을 사랑하니까요. 당신이 좋아하기를 바랐어요." 줄리아는 어쩌다가 이런 일이 일어났을까 생각한다. '무엇이 잘못되었을까? 완벽한 여행이라고 생각했는데.' 줄리아는 이번 여행이 알을 위한 좋은 저축이 될 것이라고 생각했지만 오히려 인출이 되어버렸던 것이다.

어쩌다 이런 일이 벌어졌을까? 저축은 누가 정할까? 주는 사람일까, 받는 사람일까? 바로 받는 사람이다. 줄리아는 알을 위한 여행을 계획했고 자신이 샐러드바와 쇼핑을 좋아하니 알도 마찬가지일 것이라고 짐작했다. 배우자를 위한 저축이 무엇인지 살펴보고 자신을 위한 저축이 무엇인지도 배우자에게 알려줘야 한다.

존: 대다수의 부부는 배우자를 위한 감정 저축이 주로 어떤 것인지에 대해 좋은 아이디어를 가지고 있다. 하지만 실제로는 인출임에도 저축이라고 생각하는 경우가 있다.

이제 서로가 이해할 수 있는 언어로 표현해보라. 때로는 "여보, 말해봐요. 당신에게는 어떤 것이 좋겠어요? 내가 좋아하는 일이 무엇인지도 말할게요"라고 언급하기만 해도 된다. 효과가 발휘되기까지 시간이 걸려도 진정 어린 마음으로 들어줘야 한다.

저축과 인출이란 무엇인가

저축은 신뢰를 쌓고 관계를 보수해가는 반면, 인출은 관계에 대한 신뢰를 깨뜨리는 것이다. 다음 예를 살펴보자.

저축	인출
친절을 베푼다.	불친절하게 행동한다.
정직하게 행동한다.	거짓말을 한다.
사과한다.	가식적으로 사과한다.
그 자리에 없더라도 신의를 다한다.	사람들에 대한 소문을 퍼뜨린다.
약속을 하면 지킨다.	약속을 지키지 않는다.
신뢰를 유지한다.	신뢰를 깬다.
용서한다.	원한을 품고 복수한다.
자신에게 중요한 가치를 몸소 실천한다.	말과 행동이 다르다.

최근 나의 감정은행계좌에 배우자가 저축한 사례를 설명해보라. 어떤 저축을 했는가? 그때 어떤 기분을 느꼈는가?

_____

_____

_____

_____

_____

_____

_____

이 목록을 작성한 후 배우자와 공유해보라. 배우자가 작성한 목록도 공유해달라고 요청해보자.

활동 : 배우자와 감정은행계좌 불리기

나는 다음과 같은 저축을 하겠습니다.

_____

_____

_____

_____

다음과 같은 인출은 하지 않겠습니다.

_____

_____

_____

_____

제인: 빌럼과 캘로타에게도 문제가 있다. 두 사람이 승-승을 달성할지, 아니면 승-패에 그칠지 살펴보자.

빌럼과 캘로타는 22년 동안 함께 살았으며 자녀가 없다. 두 사람은 도시에 거주하고 있다. 어느 날 캘로타는 빌럼에게 "다시는 당신 회사 파티에 같이 가자는 이야기를 꺼내지도 말아요. 당신 회사 파트너들은 정말 마음에 안 들어요. 그들의 아내와도 공통점을 전혀 찾을 수 없고요. 독신인 파트너들은 더 형편없어요"라고 말한다.

빌럼은 "캘로타, 내게는 중요한 일이에요"라고 답한다.

"싫어요. 이제 신물이 나요."

빌럼은 캘로타가 진심이라는 것을 알고 있다.

두 시간 뒤 빌럼은 이렇게 말한다.

"캘로타, 이번 겨울에 스키 패스를 구입해서 몇 주 동안 스키를 탑시다."

"빌럼, 동생과 가요. 내가 추운 날씨를 싫어하고 더 이상 스키 타기를 좋아하지 않는 것 알잖아요."

나중에 캘로타는 빌럼에게 부탁한다.

"빌럼, 교향곡의 시즌 티켓이 생겼는데 애나가 같이 갈 수 없다네요. 함께 가줄래요? 한 달에 한 번이고 네 달만 가는 거예요."

그러자 빌럼은 이렇게 답한다.

"싫어요. 그런 데 돈을 쓰느니 야구 경기를 가겠어요. 다른 사람을 찾아봐요."

캘로타와 빌럼은 승-패를 향해 가고 있다.

다른 사람이 이기는 것을 고려한 후 내가 이기는 것을 고려하라

성공적인 결혼에는 모두가 이길 수 있는 풍부한 패러다임이 있다. 건전한 관계는 승-승 사고에서 비롯된다. 성공적인 동반자 관계에서는 승-승을 위한 용기와 배려가 균형을 이루어야 한다.

승-승 사고를 하기 시작하고, 어느 한 사람이 지는 승-패의 사고를 멈추면 관계에 어떤 일이 벌어질까? 관계의 문화 전체

가 변화한다. '우리'에게 가장 좋은 것이 무엇인지 생각하기 시
작한다. 내게 좋은 것만을 추구하지 않는다.

동반자 관계에서 여러분 자신이 이기고 배우자가 지는 일이
라고 생각할지라도 그것은 관계 전체가 패하는 것이다. 관계
가 승리를 거두지 못하면 여러분 자신이 이기는 일이 아니기
때문이다.

우리가 어디에 살든, 얼마의 돈을 지출하든, 우리가 어떤 일
을 하든 배우자의 승리를 위해 모든 일을 하겠다는 태도 역시
건전하지는 않다. 모두를 위한 승리여야 하기 때문이다. '나를
위해서도 이겼으면 좋겠어. 네가 이기고 내가 지는 패-승은 원
하지 않아'라고 생각하는 것이 건전한 것이다.

따라서 서로의 생각을 듣고 공유하고 대화해야 한다. 시간
이 걸리고 인내해야 하며 연습이 필요한 일이지만, 관계를 지
속하기 위해서는 그럴 만한 충분한 가치가 있다. 나는 휴가, 야
구 경기, 돈에 관한 한 여러분이 어떻게 승리를 거두고 있는지
알지 못한다. 마찬가지로 여러분도 나와 대화하고 서로의 말
에 집중해서 귀 기울이지 않는다면 나의 방법을 알 수 없다.

존: 누군가의 승리를 위해 노력한다는 것은 곧 그 사람을 사
랑하고 중요하게 생각한다는 뜻이다. 상대방이 내가 자신의
승리를 위해 노력한다는 것을 안다면 "나도 당신을 소중하게
생각하고 행복하기를 바란다"라고 말할 것이다. 이것이 결혼

에서 승-승이 의미하는 바다.

승-승을 생각하면 결혼생활에서 동등한 동반자 관계로 인한 유익함이 커진다. 동등한 동반자란 어느 한 사람이 배우자를 지배하지 않음을 의미한다.

두 사람 모두가 승리하는 것이 진정한 승리다

이제 습관 4를 테스트해보자.

승-패나 패-승, 또는 그저 이기겠다는 생각 대신 승-승을 고려하면, 자신과 가족을 더 행복하게 하는 훨씬 좋은 선택을 할 수 있다.

승-승 사고

승-승은 어떤 상황에 관련된 모든 사람이 자신과 타인의 승리를 확인할 때 발생한다. 코비 박사의 다음과 같은 말을 곱씹어보자.

"장기적으로 두 사람 모두가 승리하지 않으면 모두가 패하게
된다. 그렇기 때문에 관계에서 승-승이 유일하게 현실적인 대
안인 것이다."

- 스티븐 코비

원하는 결과를 얻을 수 없는 상황을 떠올려보고 이때 내가
승리를 거둘 수 있는 방법을 생각해보라. 배우자에게 두 사람
이 승리를 거둘 수 있는 방안을 물어보라.

어떤 상황인가?

내가 승리하는 방안은 무엇인가?

배우자가 승리하는 방안은 무엇인가?

_____

_____

_____

_____

"우리는 시간을 들여
문제가 무엇인지 찬찬히 생각하는 대신,
괜찮은 조언을 들으며 서둘러서
문제를 해결하려는 경향이 있다.
이는 누군가를 더 잘 보기 위해
그 사람에게 유리판을
가져다대는 것과 같다."

스티븐 코비

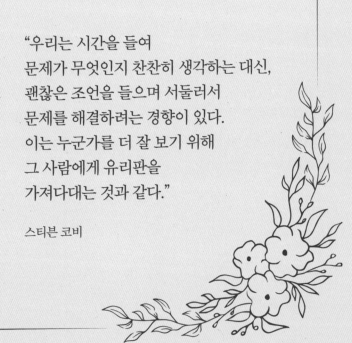

먼저 이해하고
다음에 이해시켜라

의사소통의 핵심에 다가가기

습관 5는 '먼저 이해하고 다음에 이해시키기'다. 그 반대는 말하기만 하고 거의 혹은 아예 듣지 않는 것이다. 먼저 들어야 한다는 습관 5는 다른 사람이 어떻게 느낄지 이해하기 위해 귀를 기울이는 것이다. 습관 5는 진정으로 듣고 가슴으로 느끼는 것이다. 그러고 나서 상대방이 진정으로 이해받았다고 느낀다면, 그때가 바로 내가 말할 차례다.

제인: 젠스는 영세 낙농가에서 자랐다. 열네 살이 되었을 때 그의 형들은 결혼을 하거나 대학 진학을 위해 집을 떠난 상태였기 때문에 아버지와 농가를 운영해야 했다. 젠스와 아버지

는 날마다 함께 일하면서도 대화를 전혀 나누지 않았다. 물론 일에 관련된 이야기를 하긴 했지만, 느낌을 공유한 적은 없었다. 젠스는 온갖 종류의 책 읽기를 좋아했고 농장 일을 싫어했지만 그런 감정을 아버지와 나누지는 않았다. 열여덟 살이 되자 그는 대학에 진학하기 위해 집을 떠났다. 작은 마을과 농장, 가족을 떠난 뒤 다시는 돌아오지 않았다. 부모는 좋은 사람들이었고 자기 일에 열심이었지만 젠스가 어떤 사람인지에 대해 전혀 알지 못했다.

얼마나 비극적인 일인가. 바로 옆에서 관계를 맺고 살아가면서도 서로 진심으로 감정을 나누지 않는다니 말이다. 감정을 공유하지 않는 사람들은 이해받는다고 느끼지 못하게 되고 외로움을 느낄 가능성이 높다.

존: 의사소통은 서로의 감정을 이해하는 데 매우 중요하다. 배우자가 이 세상에 대해 생각하고 바라보고 경험하는 방식과 나의 것이 절대 같을 수 없기 때문이다. 배우자를 이해하려면 먼저 듣고 배우자가 사물을 바라보는 방식과 느끼는 감정을 확인한 다음, 내 이야기를 해야 한다. 배우자가 세상을 바라보는 방식은 내게 중요한 의미를 지닌다. 우리 역시 자신이 세상을 바라보는 방식을 배우자가 이해하기를 바라며 두 사람이 감정을 공유하기를 원하고 있다.

제인: 글로벌 기업의 젊은 채용 담당자와 그의 아내에 대한

사례를 소개할 텐데 하마터면 이혼으로 끝맺었을지도 모를 이야기다.

자말은 글로벌 기업의 젊은 채용 담당자이며 아내 샨텔과의 사이에 세 살, 18개월 된 아이들을 두었다. 자말은 똑똑하고 열심히 일했으며 샨텔은 자말을 사랑하고 그를 신뢰했다.

1년 전에 두 사람은 결혼생활에서 커다란 위기를 맞았다. 자말은 회사의 채용 업무를 위해 전국으로 출장을 다녔고 피곤한 상태로 집에 돌아오면 침묵을 지켰다. 샨텔은 시간제로 재택근무를 했다.

아기와 집에 머물면서 고립감과 외로움을 느꼈던 그녀는 캘리포니아의 어머니에게 전화를 걸어 자신의 감정과 벌어지고 있는 상황에 대해 말했다.

"엄마, 내가 자말을 얼마나 사랑하는지 아시죠. 자말의 모든 것을 사랑하지만 지금 무척 외로워요. 채용 출장에서 돌아온 자말에게 출장이 어땠는지 물으면 어깨를 으쓱하고는 '괜찮았어'라고 말하지만 정작 자신에게 어떤 일이 있었는지 들려주지 않아요. 마음을 열지도 않고요. 점점 슬픈 생각이 들어서 대화를 나누고 싶고 그의 일에 대해 알고 싶은데 자말은 아무 말도 안 해요. 사랑한다는 말도 전혀 안 하고요. 나를 도와주는 좋은 친구들이 많기는 해도 내게 필요한 것은 진정한 배우자예요. 자말이 나를 사랑하는지 의심이 들고 그를 떠나 친정으로 돌아갈까 심각하게 고민 중이에요."

2주 뒤 샨텔은 어머니에게 다시 전화를 걸어서 그동안 일어
난 일을 말했다. 샨텔과 자말 사이의 긴장이 극도로 고조되었
고 부담감이 두 사람 모두를 무겁게 짓눌렀다.

일주일간의 출장에서 돌아온 자말이 또다시 아무 말도 하지
않자 샨텔은 그를 떠나 친정집으로 돌아가기로 결심했다. 그
때 놀라운 일이 벌어졌다. 샨텔은 거실 소파에 앉아 있었고 근
처에는 아가방을 볼 수 있는 아기 모니터가 켜져 있는 상태였
다. 현관으로 들어온 자말은 아기의 방으로 곧장 들어갔다. 자
는 아기를 바라보던 그는 아기에게 나지막한 목소리로 속삭였
다. "세상에서 그 누구보다 너와 엄마를 사랑한단다. 두 사람을
그냥 둬서 정말로 미안해. 두 사람이 없다면 아빠는 살 수 없을
거야. 아빠가 어떤 감정인지 말할 수 있는 날이 오겠지."

샨텔은 거실에 앉아 모니터를 통해 들려오는 말을 똑똑히
들었다. 자말이 방에서 나오자 그를 안아주며 "사랑해요. 이 결
혼은 지켜낼 만한 가치가 있어요"라고 속삭였다.

두 사람은 결혼생활이 회복되기를 원하고 있었고, 서로에게
힘을 실어주는 건강한 소통 기술을 배우자 곧 상처 입은 관계
가 살아났다.

부부가 서로에게 감정을 공유하고 이야기를 들어주는 일은
무척 중요하다. 그러기 위해서는 시간을 들이고 기술을 익혀

야 하며 또다시 시간을 들여야 한다. 배우고, 노력하고, 실천하고, 배우고, 노력하고, 실천하기를 반복해야 한다. 노력도 해보기 전에 위기가 닥치도록 내버려둬서는 안 된다.

상대방을 더 나은 사람이 아니라 행복한 사람으로 만들기 위해 어떤 노력을 할 수 있을까? 그런데 관계마다 상황이 모두 다르기 때문에 상대방을 짜증나게 하거나 분노하게 만드는 일을 할 수도 있을 것이다. 상대를 화나게 만드는 일을 끄집어내기에 적당한지, 아니면 침묵을 지키면서 조용히 해결하는 것이 나은지 판단할 수 있는 방법이 있을까?

존: 우리는 그것을 '민감한 선sensitive line'이라고 부른다. 그 선을 넘으면 서로 알아차리지 않는가? 우선 할 일을 잠시 멈추고 자아의식의 능력을 발휘하는 것이다. 내가 할 선택과 그 선택으로 인한 결과를 생각한다면 환경이나 기질, 눈앞에 놓인 문제가 아닌 자신에게 중요한 가치에 따라 선택할 것이다. 분노하게 만드는 요인이 자신의 문제라면 그런 문제는 혼자 간직해야 한다. 분노하게 만드는 요인이 관계에 상처를 주거나 해롭다면, 세련된 방식으로 일대일 대화를 나누고 습관 5의 실천 방법인 '듣고, 듣고, 또 듣기'를 해야 한다.

스티븐: 문제가 있을 때 상대방과 소통하고 함께 해결책을 실천하는 것이 원칙이라고 생각한다. 그런데 문제는 우리가 시간을 내서 문제에 대해 대화하지 않는다는 것이다. 그런 상

황이 우려스럽다면 상대방을 문제 해결에 참여시켜야 한다. 서로 다른 대본을 가지고 있을 수도 있고 더 인내하고 더 이해해야 할 수도 있다. 그러나 그 과정 속에서 점차 상황이 나아질 것이다.

샌드라: 신혼 초에는 명확하게 역할을 나누고 그런 역할에 대해 이해하고 있었다. 여성은 이런 일을 하고 남성은 저런 일을 한다는 식이었다. 그런데 큰딸이 아이를 출산하여 우리와 함께 지낼 때 스티븐이 아기를 안고 계단을 내려와 목욕을 시키고 기저귀를 갈아주는 모습을 보고 거의 기절할 듯 놀랐다.

나는 스티븐에게 "세상에, 신시아 어디 갔어요? 와서 아이를 재우라고 할게요"라고 말했다. 정말 깜짝 놀랄 수밖에 없었다. 스티븐이 살면서 그런 일을 한 적이 한 번도 없었기 때문이다. 일요일마다 나는 혼자 아이들을 챙기느라 분노가 치밀었던 기억이 난다.

일요일이면 나도 우아하게 사기그릇에 저녁을 먹고 아이들도 일주일에 한 번 그런 전통을 누리기를 바랐다. 그런 바람 때문에 식탁을 차리고 오븐에 음식을 넣느라 바빴는데도 스티븐은 차에 올라 경적을 울리면서 나를 불러댔다.

죽이고 싶을 정도로 그가 미운 순간도 있었다. 정말이지 신경을 자극하는 순간이다. 하지만 시간이 지나면서 스티븐도 결국에는 조금씩 변했다. 그는 저녁 식사 후에 10분의 프로그램을 가동하자는 아이디어를 냈다. 모두가 10분 동안 맡은 일을 하는 프로그램으로, 설거지를 하거나 바닥을 닦거나 청소를 했다. 시간이 흐르면서 스티븐도 조금씩 아이들을 도와주기 시작했다.

자기 인생이나 결혼생활에서 사람은 점차 관대한 마음을 갖게 되며 배우고 변화하게 된다. 시간이 흐르고 서로의 감정은 행계좌에 저축이 쌓이면, 우리는 감정의 민감한 선까지 다가설 수 있고 그중 일부를 직접적으로 논의할 수 있다. 나 같은 경우에는 "일요일 아침에 또다시 경적을 울리면 정말 끝장이에요"라고 말했다. 그러면 자신을 정말로 괴롭히는 문제의 일부를 해결할 수 있다.

때로는 그 문제가 무엇인지 직접 맞서 싸우고 언급해야만 한다. 어떤 경우에는 앞으로 상황이 변하고 더 나아지기를 바라야만 하는 경우도 있다. 내 경우를 봐도 결국 저녁 시간의 여유를 되찾는 등의 변화가 찾아왔다. 때로는 상황이 변하고 사람이 변하는 데 시간이 걸린다. 그러므로 희망을 가져야 한다.

스티븐: 샌드라가 말한 문제를 알게 되기까지 50년이 걸렸다. 얼마 전 우리는 50주년을 맞았으며 그녀를 향한 사랑은 신혼 초보다 훨씬 더 커졌다.

그러면 배우자의 기분을 어떻게 이해할 수 있을까?

3단계 방법을 소개하고자 한다.

1. 시간을 내서 대화를 시작하라. 일대일 만남을 통해 둘만의 개인적 대화를 진행하라.
2. '문을 쾅 닫는' 행동은 피하라.
3. 먼저 상대방의 이야기를 듣고 나서 내 이야기를 하라.

마음을 여는 소통

'문을 쾅 닫는' 순간 소통은 단절된다. 성공하는 사람들이 먼저 남을 이해하고자 할 때 '문을 여는' 기술을 사용하는 이유가 여기에 있다.

문을 쾅 닫는 사람	문을 여는 사람
입증하기 : 온갖 질문을 던진다.	질문을 제대로 알아듣기 위한 질문만 한다.
평가 : 분석하고 비판한다.	상대방을 판단하지 않는다.
충고 : 청하지도 않은 충고를 한다.	상대방이 요청하는 경우에만 조언을 한다.
끼어들기 : 자신에 대해 이야기한다.	입은 닫고 귀, 눈, 마음을 연다.
재촉하기 : 재촉해서 대화가 불가능하다.	시간을 내서 듣는다.

관심은 기술보다 중요하다

듣는 사람이 관심을 보이는 것은 기술을 발휘하는 것보다 중요하다. "얼마나 많이 아는가보다 얼마나 남을 배려하느냐가 중요하다"라는 격언도 있지 않은가.

주중에 두 사람만의 일대일 시간을 갖는 것이 중요하다고 강조한 것을 기억하는가? 거실에 앉아 아이들과 함께 축구 프로그램을 시청하거나 대가족이 모이는 자리에서는 '이해하기 위해 듣는 일'이 저절로 일어나지 않는다.

제인: 불 꺼진 조용한 집에서 침실에 누워 서로에게 마음을 털어놓을 때 배우자의 말을 듣고 이해하게 될 수도 있다. 아이들이 잠자리에 들고 TV를 끈 상태에서 두 사람이 상대의 말을 귀담아들을 수 있을 만큼 깨어 있을 때 함께 술을 마시거나 산책을 하면서 들을 수도 있다. 중요한 것은 그런 시간을 귀하게 여기고 미리 계획하고 실천해야 한다는 점이다. 함께하는 시간을 신중하게 계획해야 한다.

존: 두 사람이 실제로 시간을 내고 둘만 있다고 가정해보라. 이때 배우자에게 절대로 해서는 안 되는 세 가지 행동이 있다. 그런 행동을 조심하지 않으면 배우자는 마음의 문을 닫고 교감을 중단할 것이다.

배우자에게 하면 안 되는 세 가지

1. 충고하기

2. 자기 자신에 대해서 말하기

3. 비판하기

제인: 물론 결혼생활을 하다 보면 이 세 가지를 모두 해야 할 때도 있다. 하지만 배우자가 마음의 문을 열고 감정을 공유하기를 원하는 시간에 해서는 안 된다.

존: 배우자와의 소통에 크게 도움이 될 비밀을 알려주겠다. '발언 막대talking stick'를 활용하는 것이다. 이 막대를 가지고 있는 사람이 말을 할 때는 발언이 끝날 때까지 누구도 끼어들어서는 안 된다. 발언이 끝나면 다른 사람이 발언자의 말을 이해한 대로 반복한다. 발언자가 제대로 전달되었다고 생각하면 막대를 내려놓는다. 단, 자신의 말에 사람들이 진정으로 귀를 기울이고 이해했다고 생각했을 때만 막대를 내려놓을 수 있고 다른 사람에게 건넬 수 있다. 발언 막대는 매우 효과적이며 관계를 강화하기 위한 훌륭한 아이디어다.

스티븐: 사랑하는 사람과의 대화가 다툼으로 끝나면 연민이나 공감하는 반응을 선택할 수 있다. 한 전문가는 "만약 여러분 자신이나 배우자가 중요한 순간에 상대를 화나게 하는 말을 한다면 의사소통에 문제가 있는 것으로 여겨야 한다. 어쩌면

그 순간은 왜 서로의 뜻이 엇갈리는지를 알아낼 수 있는 기회인지도 모른다"라고 말한다. 나는 이 접근법이 마음에 든다. 사랑하는 사람이 들려주는 이야기를 불쾌하게 여길지 아니면 이해할지는 내가 선택하는 것이다. 긴장의 순간이 있더라도 그 순간을 시너지를 내는 기회로 삼으면 두 사람의 관계가 깨지지 않고 더욱 단단해질 수 있다.

쉽게 문제를 고치고, 단도직입적으로 돌파하고 해결하는 우리의 문화에서는 상대방의 이야기를 듣거나 각자가 갖고 있는 고통, 투쟁, 상실, 승리에 대한 복잡한 이야기를 인내심 있게 듣지 않는다. 그래서 많은 것을 잃고 만다. 이미 전부 알고 있다고 생각하기 때문이다.

전문가들은 이렇게 말한다.

"관계를 돈독하게 하는 데 가장 어려운 점은 다른 사람의 생각, 마음, 경험을 분명하거나 완벽하게 알 수 없다는 데 있다. 몇 년이나 몇 개월의 경험에 비추어 배우자를 완벽하게 안다고 생각하는 결혼생활에서는 특히 문제다."

그 결과 우리는 상대방의 이야기를 묵살하고 회피하고 귀를 닫는다. 서로의 이야기를 듣는 대신 자신과 자녀를 갈등으로부터 격리시킨다. 결국 '공감 결핍empathy deficit'이 생기고 만다.

상대를 이해하려고 노력한 다음
나를 이해시키기

이제 습관 5에 대한 약속을 하겠다.

먼저 듣고 이해하려고 한다면, 즉 배우자가 이해받았다고 느낀 후에 내 말을 시작한다면 자신과 다른 가족들을 더 행복하게 만드는 선택을 내릴 수 있다.

공감하며 듣기

성공적인 듣기는 모든 관계에서 중요하다. 사람들이 감정적인 상황에서 이해받는다고 느끼게 도와주려면 눈, 귀, 마음으로 공감하며 들어야 한다.

공감하며 듣는 비결

- 눈, 귀, 마음으로 듣는다. 몸짓언어, 말투, 단어의 선택을 유심히 살핀다.
- 관심을 가지고 귀 기울여 듣고 때로는 한마디도 하지 않아도 된다.
- 다른 사람의 감정과 발언을 나만의 단어로 되새긴다.

공감하며 듣기 연습

공감하며 듣기는 다른 사람의 관점에서 보려고 시도하는 것으로, 감정이 고조되었을 때 가장 필요한 태도다. 공감하며 듣기 위해서는 다음을 연습해보라.

1. 내가 듣거나 관찰하거나 느낀 다른 사람의 감정을 되새겨본다.
2. 상대방이 말한 내용을 나만의 단어로 이렇게 반복한다. "당신은 (상대방이 말한 주제나 메시지)에 대해 ＿＿＿＿＿＿＿ 하다(화가 난다, 실망스럽다, 슬프다, 신난다, 긴장된다, 당황스럽다, 혼란스럽다, 의욕이 사라진다 등)고 느낀 것 같네요."

한번 시도해보라. 다음 시나리오에서 자신이 공감하는 반응을 써보라.

배우자 1: 쓰레기통을 비워달라고 몇 번이나 말해야 하죠?
배우자 2: 당신은 _____ 문제에 대해 _____하
나고 느낀 것 같네요.

정중하게 이해 구하기

이해받기 위해 아래와 같은 방법으로 상대의 성품을 공격하
지 않으면서도 분명하고 직접적인 피드백을 줄 수 있다.

1. 적절한 몸짓언어, 어투, 단어를 사용하며 상대를 무시하는 말을
   하지 않는다.
2. '나' 메시지를 사용한다. 상대 자체에 대한 공격이 아닌 나의 감정
   과 내용에 집중한다.

이 과정에서 하지 말아야 할 말과 해야 할 말이 있다. "당신
은 내가 안중에도 없어요" "당신은 무례하네요"와 같은 상대에
대한 공격은 피해야 하며, "내가 무시당하는 느낌이 들어요"와
같은 생산적인 피드백은 해야 한다. 아래 단계를 통해 다양한
상황에서 생산적인 피드백을 주는 연습을 해보라.

단계 1: 내가 _____할 때(예: 신뢰감을 느낄 수 없을 때, 당신이 오랫동안 휴대폰을 들여다보는 모습을 볼 때 등)

단계 2: 나는 _____한 감정을 느껴요(예: 슬픈, 분노하는, 걱정스러운, 소외된 등)

"상대와의 차이를 위협으로
인식한다면 문제가 있는 것이다.
반면 서로의 차이점을 즐기고,
서로에게서 열정적으로 배우고,
편견 없이 서로에 대해
새로운 것을 발견한다면,
관계는 더없이 향상된다!"

제인 코비

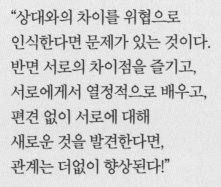

시너지를 내라

모두의 장점을 고려하고 협력하기

시너지를 낸다는 말은 무슨 의미일까? 1+1=3 이상이라는 뜻이다.

자세하게 설명해보면, 높이가 2, 너비가 4인 나무토막 하나가 부러지지 않고 버텨낼 수 있는 무게는 300파운드다. 그런데 같은 나무토막 2개를 붙이면 1,000파운드 넘게 견뎌낼 수 있다. 왜 그럴까? 나무토막을 접착하여 결합력이 생기면 한 개씩 따로 사용할 때보다 훨씬 더 강한 힘이 생기기 때문이다.

시너지는 팀워크이며 서로 다름을 인정하는 것이다. 마음을 열고 혼자 이룰 수 있는 것보다 더 많은 것을 이루기 위해 협력할 때 발생한다. 독립적으로 일하거나 자기 의견이 항상 옳다고 주장해서는 동반자 관계에서 시너지가 일어나지 않는다.

스티븐: 동반자 관계는 제3의 대안이다. 두 개인과 두 문화가 결혼으로 맺어지면서 동반자 관계가 시작된다. 자기 자신과 배우자를 향한 존중과 공감이라는 패러다임이 이 관계를 지배한다면 새롭고 영원히 결실을 맺는 제3의 문화가 형성되어 큰 기쁨과 행복을 누릴 수 있다.

우리는 신중하게 시너지의 사고방식을 받아들여 제3의 가정을 만들 수 있다. 나의 방식도, 배우자의 방식도 아닌 우리의 방식을 만들어 더 가치 있고 더 나은 길을 가는 것이다. 중요한 모든 의사소통에서 제3의 대안을 지속적으로 추구함으로써 이러한 사고방식을 받아들이도록 스스로를 훈련해야 한다.

재정을 관리하고 일과 삶의 균형을 추구하고 자녀를 양육하고 친밀감을 형성하는 방법은 중요한 사안이며 시너지를 발휘해야 하는 영역이다.

세상을 서로 다르게 바라보는 두 사람이 어떻게 하면 창의적으로 협력할 수 있을까? 힘을 합칠 수 있는 비결은 무엇일까?

두 가지 규칙 지키기

첫째, 서로의 가치를 진정으로 존중해야 한다.

둘째, 서로의 장점을 인정해야 한다. 모든 사람은 가치가 있고 저마다 장점을 가지고 있다.

제인: 브라이언과 채리티에 대한 이야기를 들려주고자 한다. 브라이언과 채리티는 고등학교를 졸업하자마자 결혼했다. 브라이언은 택배 회사에서 사회생활을 시작하여 12년 동안 근무했다. 좋은 직장이었다. 채리티가 시간제로 일해도 걱정 없이 살 수 있는 생활이었다.

어느 날 직장에서 돌아온 브라이언이 대학교에 진학하고 싶다는 의사를 밝혔다. 야간 대학에 진학해서 경영학 학위를 받는 것에 대해 생각해왔다고 그는 말했다. 그렇게 되면 희생이 불가피했다.

채리티는 "그렇게 해요, 여보. 항상 바라던 계획이었고 내가 일하는 시간을 더 늘려볼게요"라고 답했다.

브라이언은 시험에 응시해서 입학 허가를 받았다. 1학기를 마친 후 대학교의 카운슬러와 마주 앉아 대화를 나눴다. 카운슬러가 말했다.

"1학기 성적을 보니 독해 능력이 대학생 평균수준에 미치지 못할 가능성이 있고 창조적인 글쓰기도 대학생 평균치에 못

미치네요. 수학을 좋아한다고 말했지만 기본적인 회계에서 어려움을 겪었고요. 내 조언을 구한다고 요청했는데 훌륭한 직장을 가졌었고 돌봐야 할 아이도 셋이나 있군요. 원하는 일을 하세요. 다만 계속하기에 앞서 매우 신중하게 고려하는 것이 좋겠어요. 물론 선택은 당신에게 달려 있습니다. 개인 교사를 둔다면 해낼 수 있을지도 모르겠네요."

　브라이언은 "감사합니다"라고 말하고 일어나 맥없이 집으로 돌아왔다. 그는 "정말 열심히 했는데 내 성적이 평균 수준이거나 그보다 못하다니"라며 괴로워했다. 그 말에 채리티는 '브라이언이 평균이라니!'라고 생각했다. 차고를 말끔히 정리하고 모든 것을 꼼꼼히 기록하고 세심하게 챙기던 그 브라이언이 맞나? 여학생들의 숙제를 모두 봐주기 전까지는 자러 가지도 않고 여학생들이 걱정되어 중학교 여자 축구팀의 감독을 맡았던 남편 아니던가? 일요일이면 길모퉁이에서 거동이 불편한 노인을 태워 교회에 데려다주던 사람이 바로 브라이언이었다. 그녀의 가장 친한 친구이자 남편인 그가 스스로를 평균이라고 생각하다니? 브라이언은 평균이 아니라 챔피언이라고 채리티는 생각했다.

　채리티처럼 배우자에게서 장점을 찾아보라. 그런 장점에 대해 대화를 나누고 기록하고 생각해보라. 마음에 간직해보라. 채리티의 생각처럼 브라이언은 단지 평균이 아니라 챔피언이다.

승-승의 사고방식에 따라 나도 이기고 배우자도 승리하는 선택을 한다면, 먼저 듣고 이해한 다음 내 말을 한다면, 서로의 장점을 높이 산다면 시너지를 낼 수 있다. 각자 홀로일 때보다 두 사람이 함께할 때 더 나은 결과를 얻는다. 성공적인 결혼에서 가장 중요한 비결이다.

다음 두 가지 질문을 하고 싶다.

- 결혼생활을 빛나게 하는 배우자의 장점 한 가지는 무엇인가?

_____

_____

_____

- 결혼생활을 빛나게 하는 나의 장점 한 가지는 무엇인가?

_____

_____

_____

이제 질문의 답을 잘라서 날마다 두 사람이 볼 수 있는 곳에 걸어두라. 그 답을 읽고 생각해보고 마음속에 간직하라. 배우자에게도 같은 일을 하도록 요청하자. 상대방의 약점에 연연하지 말고 이제 장점에 주목하라.

제인: 우리가 히외이에서 성공하는 가족의 7가지 습관 프로그램을 진행하고 있을 때였다. 우리가 훈련하는 그룹에는 미육군 군목이 있었다. 동반자 관계에서 서로를 칭찬하고 배우자의 장점을 목록으로 작성하는 습관에 대해 많은 이야기를 나누었다.

강연 후 그는 커다란 고기 포장용지를 집에 가져가 거실에 테이프로 붙였다. 그러고는 자신의 이름, 아내의 이름, 자녀들의 이름을 차례차례 적었다. 자녀들에게 사인펜을 주고 각각의 이름 아래에 서로 돌아가며 그 사람의 장점에 대해 써보라고 요청했다. 다음날 그는 크고 긴 종이를 강의에 가져와서 감격에 겨워하며 이렇게 말했다.

"아내가 자신의 이름 아래 아이들이 적어놓은 내용(항상 내 곁에 있어줘요, 애정이 넘쳐요, 인내심이 많아요, 내 말을 들어줘요)을 보고는 눈물을 터뜨렸어요. 그동안 아내는 '이 집에서 나를 좋아하는 사람이 한 명이라도 있을까 생각했다'고 말하곤 했거든요."

그 역시 아이들이 아내의 이름 밑에 쓴 내용을 보고 눈물을 흘렀다. 서로의 장점을 인정하기로 선택하면 시너지가 발생한다. 시너지에 기반한 동반자 관계는 가족은 물론 이후 세대에게도 선한 영향력을 강하게 미친다.

다름을 인정하고
각자의 가치를 존중하기

존: 이제 습관 6 '시너지를 내라'를 적용해보겠다. 배우자의 가치를 인정하고, 배우자의 약점이 아닌 장점에 주목한다면 자신과 다른 가족이 더 큰 행복을 누릴 수 있다.

다름을 인정하기

시너지는 관련된 모두가 각자 홀로 일할 때보다, 더 나은 결과를 얻기 위해 자기만의 장점을 결합할 때 일어난다.

시너지를 얻기 위한 두 가지 규칙은 다음과 같다.

1. 서로를 가치 있는 사람으로 여겨라.

2. 서로의 장점을 인정하라.

서로를 가치 있는 사람으로 여기기

모두가 꼭 필요하고 가치 있는 사람으로 평가받기를 바란다. 배우자에 대해 생각하면서 다음 문장을 마무리해보라.

1. 당신에게 가장 존경스러운 점은…
2. 당신에게서 배운 점은…
3. 당신과 함께한 가장 좋은 기억은…

시너지가 일어나지 않는 경우	시너지가 일어나는 경우
서로 다름을 참아낸다.	서로 다름을 인정한다.
각자 일한다.	팀으로 일한다.
내가 항상 옳다고 생각한다.	열린 마음으로 대한다.
타협한다. 1+1=1½	제3의 대안을 찾는다. 1+1=3 이상

서로의 장점을 인정하기

성공적인 관계에서 각자의 장점을 최대화하고 약점은 최소화한다. 서로가 지닌 다양한 장점을 진정으로 인정하고 존중한다.

자신과 배우자의 장점을 적어보라.

나의 장점	배우자의 장점

두 사람이 서로를 보완하는 장점이 어떻게 결혼생활을 더
단단하게 만드는가?

_____

_____

_____

_____

"누군가를 절대 약점으로 특징지어서는 안 된다. 장점으로 특
징지어야 한다."

-제인 코비

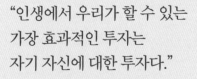

"인생에서 우리가 할 수 있는
가장 효과적인 투자는
자기 자신에 대한 투자다."

스티븐 코비

끊임없이 쇄신하라
관계 정신 새롭게 하기

습관 7은 '끊임없이 쇄신하라'다.

존: 습관 7 '끊임없이 쇄신하라'는 무엇을 의미하는가? 숲길을 산책하다가 맹렬하게 통나무를 톱질하는 사람을 만났다고 상상해보자.

"무엇을 하고 계시오?"라고 묻자 "장작으로 쓸 나무를 자르고 있는 것 안 보이시오?"라는 답이 돌아온다. "작업을 얼마 동안 한 겁니까?"라는 질문에 그는 "서너 시간은 한 것 같소. 탈진할 지경이오"라고 답한다. "작업에 진전이 있습니까?"라는 물음에는 "아니오, 별로 그렇지 않소"라고 말한다. "잠시 쉬면서 톱날을 가는 것이 어떻소?"라고 제안하자 "제정신이오? 톱질하느라 바쁜데 그럴 틈이 어디 있소"라는 대답이 돌아온다.

만약 15분 동안 톱날을 간다면 사내는 두세 배는 더 빨리 작업을 마칠 수 있음을 우리 모두 알고 있다. 너무 바쁘게 달리느라 연료를 충전하는 것조차 잊은 적은 없는가?

습관 7 '끊임없이 쇄신하라'는 자신과 결혼생활을 계속 연마하는 것에 관련된 습관이다. 인생에서 네 가지 핵심 차원인 신체적, 정신적/지적, 사회적/감정적, 영적 차원을 규칙적으로 새롭게 하고 강화한다는 의미다. 스티븐 코비는 "신체를 돌보지 않으면 건강이 악화되고 자동차를 돌보지 않으면 망가진다. 시간 날 때마다 TV를 시청하면 지적 능력이 감퇴된다. 결혼생활을 무시하면 관계가 악화된다. 관심을 가지고 돌보고 새롭게 하지 않으면 허물어지고 고장이 나며 상태가 나빠진다"라고 말한다.

'끊임없이 쇄신하라'는 한 인간으로서 자신을 돌보고 더 나아가 관계를 돌보라는 의미다.

우선 자기 자신에 대해 알아보자. 비행기에 타면 승무원이 "긴급 상황이 되면 산소마스크가 내려옵니다. 먼저 마스크를 쓴 다음 주변의 다른 승객을 도와주세요"라고 말한다. 내 마스크를 먼저 써야 하는 이유가 무엇일까? 자기 자신을 돌봐야 다른 사람을 도와줄 수 있기 때문이다.

자신에 대해 잠시 생각해보자. 사람들은 건강한 신체를 유지하기 위해 운동을 해야 한다는 것을 모두 알고 있다. 하지만 우리는 신체 그 이상의 존재다. 정신세계를 끊임없이 확장하고 성장하며 감정을 돌보고 영적으로 성숙해야만 한다.

다음 네 가지 영역에서 여러분의 상태를 확인하기 위해 간단한 스피드 퀴즈를 내보겠다. 네 개의 질문을 읽고 머리에 처음 떠오르는 답을 적어보라.

---

1. 신체를 단련하기 위한 활동을 하고 있지 않은 경우, 신체를 위해 해야 하는 활동 한 가지는 무엇인가?

2. 자신의 삶과 관계에서 마음, 감정의 영역을 돌보는 활동을 하고 있지 않은 경우, 감정을 돌보기 위해 해야 하는 활동 한 가지는 무엇인가?

3. 정신적/지적 능력을 위한 활동을 하고 있지 않은 경우, 정신을 위해 해야 하는 활동 한 가지는 무엇인가?

4. 영성을 위한 활동을 하고 있지 않은 경우, 영성을 위해 해야 하는 활동 한 가지는 무엇인가?

어떤 생각이 머릿속에 떠오르는가?

톱날을 갈 듯 끊임없이 쇄신하기

신체, 정신, 마음, 영성을 새롭게 하라

양심에 귀 기울이라

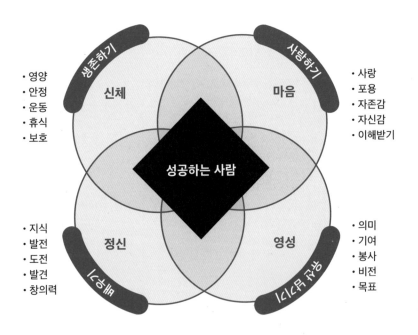

우리는 톱날을 갈기 위해 무슨 일부터 시작해야 할지를 확인했다. 이제 중단해야 할 일, 톱날을 가는 데 방해가 되는 일에 대해 알아보겠다.

이번에도 다음 질문을 읽고 머리에 떠오르는 첫 번째 생각을 적어보자.

---

1. 자신의 몸에 대해 생각해볼 때, 중단해야 할 한 가지는 무엇인가?

2. 자신의 마음에 대해 생각해볼 때, 중단해야 할 한 가지는 무엇인가? 관계에 해로운 영향을 미치는 행위나 경험에는 무엇이 있는가?

3. 자신의 정신에 대해 생각해볼 때, 중단해야 할 한 가지는 무엇인가?

4. 자신의 영성에 대해 생각해볼 때, 중단해야 할 한 가지는 무엇인가? 양심은 자신에게 무엇이라고 말하는가?

이제 각 쇄신의 영역에서 시작하거나 중단하거나 계속할 한 가지에 대해 생각해보라. 다음의 원에 질문에 대한 답을 적어보라. 톱날을 날카롭게 하는 작업은 앞으로의 삶에서 일어나는 모든 일에 큰 영향을 미칠 것이다.

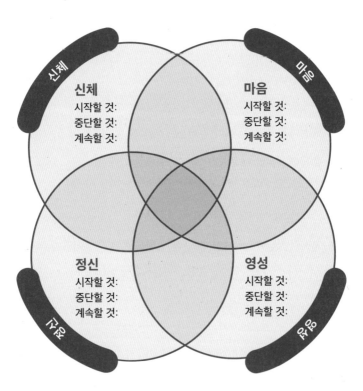

신체
시작할 것:
중단할 것:
계속할 것:

마음
시작할 것:
중단할 것:
계속할 것:

정신
시작할 것:
중단할 것:
계속할 것:

영성
시작할 것:
중단할 것:
계속할 것:

제인: 관계를 끊임없이 쇄신하는 일에 대해 이야기해보자. 더욱 친밀한 관계를 맺는 것은 새롭고 흥미진진하고 의미 있는 결혼생활을 유지하는 데 정말 중요하다. 결혼생활에서의 친밀함은 단순히 육체적 관계에 그치지 않는다. 배우자의 전인적인 면모와 품성에도 영향을 미친다.

- 신체적 차원 - 신체
- 정신적/지적 차원 - 정신
- 사회적/감정적 차원 - 마음
- 영적 차원 - 영성

오늘날의 부부들은 무엇을 통해 결혼에 대한 관점을 형성해나갈까? 당신의 경우는 어떠한가? 가족, 친구, 종교단체, 영화, 소셜 미디어인가? 이것은 모두 결혼이 어떤 모습이어야 하는지, 친밀함이 어떤 모습이어야 하는지에 대한 우리의 견해에 영향을 미칠 수 있다. 그렇기 때문에 그토록 중요한 것이다.

더 중요한 것은 대화를 통해 서로의 말을 경청하고 배우자가 어떤 배경에서 자라왔는지 알아보는 것이다. 섹스는 친밀함의 일부에 불과하다는 것은 여러분도 알고 있다. 다른 나머지 요소는 얼마만큼 중요한가?

배우자와 나란히 걸을 때나 저녁에 침대에 함께 누워 있을 때나 데이트를 즐길 때 배우자에게 친밀함이란 무엇이라고 생각하는지 물어보라. 배우자의 의견을 듣고 나면 깜짝 놀랄 가능성이 높다.

존: 습관 7 '끊임없이 쇄신하라'를 실천하여 신체, 정신, 마음, 영성을 소홀히 하지 않고 단련한다면, 자신과 다른 가족들을 더 행복하게 만드는 선택을 내리게 될 것이라고 확신한다.

끊임없이 새로워지기 위해
자신에게 투자하기

끊임없는 쇄신을 통해 자신에게 선물을 해보라. 다양한 능력을 키우는 데 시간과 노력과 돈을 투자한다면 자신이 맡은 일을 더 잘해낼 수 있다. 자신의 건강을 위해 어떤 일을 하고 있는지 평가하고 수면, 운동, 명상 시간을 늘리도록 계획을 세워보라.

배우자와 함께할 수 있는 일 찾기

배우자/동반자에게 일기를 쓰도록 장려하라. 교육적인 가치가 있는 잡지를 구독하거나 좋은 책을 함께 읽어라(서로에게 큰 소리로 읽어준다). 배우자/동반자와 함께 헬스장에 등록하거나 규칙적인 운동 프로그램을 시작해보라.

두 사람이 모두 참여하기를 원하는 단체를 선택해보라. 새로운 박물관에 가보거나 새로운 유형의 요리를 시도하는 등 관심의 범위를 넓히고 새로운 일을 시도해보자.

신체 단련하기

이번 주에 신체적 역량을 쌓을 수 있는 한 가지 방법을 선택하라.

- 취침 시간을 알려주는 알람을 설정한다.
- 도전할 만한 활동적인 방법을 찾는다.
- 일상적인 운동에 지구력, 유연성, 근력 기르기 등 새로운 요소를 더한다.
- 연간 건강검진 일정을 잡는다.

영성 새롭게 하기

이번 주에 영성을 강화할 수 있는 한 가지 방법을 선택하라.

- 개인의 사명 선언서를 다듬는다.
- 자연에서 시간을 보낸다.
- 음악을 감상하거나 만들어본다.
- 공동체에서 자원봉사를 한다.

정신 쇄신하기

이번 주에 영성을 쇄신할 수 있는 한 가지 방법을 선택하라.

- 외국어(또는 컴퓨터 언어)를 배운다.

- 책을 읽는다.

- 취미를 만든다.

- 박물관이나 미술관에 간다.

마음 챙기기

이번 주에 사회적/감정적 역량을 키울 수 있는 한 가지 방법을 선택하라.

- 저녁 식사에 친구를 초대한다.

- 최근에 소식을 듣지 못한 친구에게 전화하거나 문자를 보낸다.

- 감사 일기를 쓴다.

- 용서를 베푼다.

나를 위한 시간 갖기

오늘부터 매주 같은 요일에 나만을 위한 시간을 30분 동안 가진다.

IT 사용 억제하기

오늘 IT 기기에 쏟는 관심을 줄이도록 다음 중 한 가지를 실천해보라.

- 알람을 끈다.

- 소셜 미디어를 하루에 한 번만 확인한다.

- 전자기기 때문에 대화의 흐름을 방해하지 않는다는 규칙을 만든다.

- 큰 바위에 관련된 작업을 할 때는 기기를 끈다.

7가지 습관 실천하기

습관을 삶과 연결하는 것이 핵심이다.

가장 중요한 한 가지에 집중하라. 삶은 시간과 인내가 필요한 개선이 끊임없이 이어지는 과정이다.

- 이번 주에 혼자서나 배우자와 함께 쇄신하기 위해 실천할 한 가지 활동을 선택해보라.

_____

_____

_____

- 나와 배우자에게 가장 큰 영향을 미치는 또 다른 '큰 바위'를 골라보라.

나에서 우리로

두 사람의 결혼은 사랑과 헌신으로 이루어져 있다. 안전함을 느끼고 가치를 인정받고 있음을 느끼는 울타리다. 우리 모두는 자신을 존중해주는 말을 듣고 싶어한다. 보살핌받고 보호받고 사랑받고 싶은 마음은 절대 사라지지 않는다. 부부 관계에서 이러한 소망이 어떻게 사라지겠는가?

7가지 습관에 따라 삶을 산다면 자신과 사랑하는 사람들이 더 큰 행복을 누릴 수 있는 선택을 하게 되리라 확신한다.

제인: 희망에 대한 간략한 이야기로 끝을 맺고자 한다.

테레사가 부엌에 갔을 때 빅터는 의자에 혼자 앉아 창밖에서 이웃과 놀고 있는 아이들의 모습을 지켜보고 있었다.

"테레사, 또다시 실직하고 말았어요. 난 업무에 적합한 사람이 아닌 것 같네요. 언제든 공사장으로 돌아갈 수 있지만 무릎에 무리가 가겠지요."

빅터는 절망스러운 마음을 쓸쓸하게 내비쳤다. 테레사는 부엌을 가로질러 와서 빅터의 어깨에 팔을 두르고 "우리는 해낼 수 있어요, 우리는 해낼 수 있어요"라고 말했다. 테레사가 '우리'라고 말하는 순간 빅터에게 용기가 생겼고 마음에 희망과 신뢰감이 다시 찾아왔다. 가족이라는 관계를 맺을 때 나만 생각하던 것에서 우리를 생각하게 되는 변화가 일어난다.

존: 끝을 맺기 전에 결혼의 4C 프레임워크를 다시 상기하고자 한다.

헌신 Commitment

내적 성품 Character

소통 Communication

교제 Companionship

습관 1, 2, 3을 실천한다면 그것은 헌신을 높은 수준의 신뢰가 갖춰진 내적 성품으로 발전시킨다. 습관 4, 5, 6을 실천하면 열린 소통이 가능해지며 습관 7은 이타적인 교제를 가능하게 해준다.

출발점으로 돌아가보자. 결혼이라는 동반자 관계 상자가 있다. 대다수 사람은 동반자 관계가 그토록 원하던 교제, 성적 만족감, 친밀함, 우정이 담긴 아름다운 상자라고 믿으면서 결혼을 평생 지키겠다고 약속한다.

앞서 말했듯이 이런 동반자 관계는 처음에는 비어 있는 상자다. 무엇을 꺼내기 전에 먼저 집어넣어야만 한다. 결혼에 사랑이 있는 것이 아니라 사람 사이에 사랑이 있다. 먼저 사람이 결혼에 사랑을 불어넣어야 한다. 결혼에는 낭만이 없다. 사람이 결혼에 낭만을 불어넣어야 한다. 부부가 그러한 기술을 터득하고 베풀고 사랑하고 섬기고 칭찬하고 끊임없이 상자를 채워나가는 습관을 만들어야 한다.

"당신이 나를 높여주니 나도 당신을 높여주게 되고 우리가 함께 높아집니다."

- 퀘이커 격언

개인적인 생각을 위한 공간

습관 1 자신의 삶을 주도하라

_____

_____

_____

습관 2 끝을 생각하며 시작하라

_____

_____

_____

습관 3 소중한 것을 먼저 하라

_____

_____

_____

결론_나에서 우리로

습관 4 승-승을 생각하라

_____

_____

_____

습관 5 먼저 이해하고 다음에 이해시켜라

_____

_____

_____

습관 6 시너지를 내라

_____

_____

_____

습관 7 끊임없이 쇄신하라

_____

_____

_____

7가지 습관에 대한 정의

습관 1: 자신의 삶을 주도하라

배우자와 가족 구성원은 자신의 선택에 책임이 있으며 기분이나 외부의 조건이 아닌 원칙과 가치에 따라 선택할 자유가 있다. 자아의식·양심·상상력·독립의지라는 네 가지 인간의 천부적 능력을 개발하고 활용하며 내면에서 외면으로의 접근법을 통해 변화를 일으킬 수 있다. 피해자에 머물거나 반응형 인간이 되거나 남 탓을 하지 않는다.

습관 2: 끝을 생각하며 시작하라

배우자/동반자는 규모가 크든 작든 모든 프로젝트에서 정신적인 비전과 목적을 세워 자신의 미래를 만든다. 그들은 뚜렷한 목표 없이 하루하루 살아가지 않는다. 가장 높은 수준의 정신적인 창조물은 결혼 또는 가족 사명 선언서다.

습관 3: 소중한 것을 먼저 하라

배우자/동반자는 개인, 결혼, 가족 사명 선언서에 표현되어 있듯 가장 중요한 우선순위를 만들고 실천한다. 매주 가족을 위한 시간을 가지며 유대감을 쌓는 일대일 만남을 정기적으로 갖는다. 어젠다나 주변 환경이 아닌 목적에 따라 산다.

습관 4: 승-승을 생각하라

가족 구성원은 서로의 이익을 생각한다. 서로 도와주고 존중하는 마음을 기른다. '나'가 아닌 '우리'라는 상호 의존적인 사고를 하고 승-승의 합의를 발전시킨다. 이기적인 승-패의 사고나 자신을 희생하는 패-승의 사고를 하지 않는다.

습관 5: 먼저 이해하고 다음에 이해시켜라

우선 배우자/동반자의 생각과 감정을 들으면서 관심을 표현하고 그다음에 자신의 생각과 감정을 효과적으로 소통한다. 이해를 통해 신뢰와 사랑으로 다져진 깊은 관계를 맺을 수 있다. 상대방에게 도움이 되는 피드백도 준다. 피드백을 자제하거나 먼저 이해시키려고 하지 않는다.

습관 6: 시너지를 내라

배우자/동반자는 개인적인 힘과 가족의 힘을 기반으로 번영하므로 서로 다름을 존중하고 가치를 인정하면 전체가 부분의 합보다 커진다. 함께 문제를 해결하고 기회를 살리는 문화를 만든다. 사랑, 배움, 기여하는 가정 문화로 발전시킨다. 타협하거나(1+1=1½) 협력하는(1+1=2) 데 그치지 않고 창의적인 협력으로 1+1=3 이상을 이룬다.

습관 7: 끊임없이 쇄신하라

신체적, 정신적/지적, 사회적/감정적, 영적 영역에서 개인과 가정이 지속적으로 쇄신하면, 관계가 더 큰 성공을 향해 나아간다. '동반자 관계를 새롭게 하는 정신'을 기르는 전통이 형성된다.

저자 및 프랭클린 코비 소개

저자

    스티븐 R. 코비 박사는 리더십, 시간 관리, 성공, 사랑, 가족에 관한 가르침을 담은 탁월한 유산을 남기고 2012년 세상을 떠났다. 수천만 부가 판매된 자기계발서와 경영서 베스트셀러 저자로, 독자들을 개인적인 삶 그리고 전문가로서의 성공의 길로 이끌기 위해 노력했다. 그의 역작인 《성공하는 사람들의 7가지 습관》은 우리가 사고하는 방식을 크게 바꿨으며, 문제에 부딪혔을 때 설득력 있고 논리적이며 제대로 정의된 과정에 따라 해결할 수 있도록 변화하는 데 도움을 줬다.

    리더십 분야의 세계적 권위자, 가정 문제 전문가, 교사, 조직 컨설턴트, 저자로서 코비 박사가 내놓은 제안은 수백만 명에게 통찰력을 제공했다. 그의 책은 50개 국어로 번역되어 4,000만 부 이상 판매되었으며 《성공하는 사람들의 7가지 습관》은 20세기 가장 영향력 있는 경영서 1위에 올랐다. 그는《스티븐 코비의 마지막 습관The Third Alternative》《성공하는 사람들의 8번째 습관The 8th Habit》《내 안의 리더 The Leader in Me)》《소중한 것을 먼저 하라First Things First》등을 집필했다. 하버드대학에서 MBA를, 브리검영대학에서 박사 학위를 받았으며 유타주에서 아내, 가족과 함께 지냈다.

존 코비 박사는 프랭클린 코비Franklin Covey사의 공동설립자이자 가정 및 가족 부문 책임자이며 여러 해 동안 선임 컨설턴트로 일했다. 존은 하버드대학에서 경영학 석사를 받았으며 브리검영대학에서 교육학 박사 학위를 받았다. 7년 동안 대학 교수를 지냈으며 30년 이상 민간 분야에서 전문성을 살려 활동했다.

제인 패리시 코비는 많은 지역에서 경영, 교육, 가정 분야의 연사로 활동했다.《주도적인 가족 지침서The Proactive Family Guidebook》의 공동 저자이며 부모자녀 관계에 대한 여러 칼럼을 게재했다.

20년 넘게 존과 제인은 전 세계에서 결혼, 가정에 관련된 다양한 프레젠테이션과 세미나를 진행하면서 수천 명과 협력했다. 특히 두 사람은 가르치는 내용을 몸소 실천하면서 멋진 가정을 이루었다. 존과 제인이 강연 활동을 통해 수천 명의 삶에 7가지 습관을 적용하면서 얻은 개인적 경험과 원칙에 기반을 둔 Q&A는 결혼을 단단하게 만들어줄 것이다.

프랭클린 코비

프랭클린 코비사는 조직의 성과 향상에 전문성을 지닌 글로벌 상장사다. 인간 행동의 변화가 필요한 분야에서 조직과 개인이 목표를 달성하도록 돕는다. 회사는 리더십, 실행, 생산성, 신뢰, 판매 성과, 고객 충성도, 교육이라는 7가지 분야에서 전문성을 가지고 있다. 포춘 100대 기업의 90퍼센트, 포춘 500대 기업의 75퍼센트가 프랭클린 코비의 고객이며 이 밖에도 수천 개의 중소기업, 다양한 정부 기관, 교육 기관이 고객사에 포함되어 있다. 프랭클린 코비사는 160개 이상의 국가와 지역에 100군데 이상의 직영 사무소와 파트너 사무소를 두고 전문적인 서비스를 제공하고 있다.

성공하는 결혼생활의 7가지 습관

1판 1쇄 인쇄 2021년 12월 20일
1판 1쇄 발행 2021년 12월 27일

지은이　스티븐 코비, 존 코비, 제인 코비
옮긴이　박홍경

발행인　김기중
주간　신선영
편집　민성원, 정은미
마케팅　김신정, 김보미
경영지원　홍운선

펴낸곳　도서출판 더숲
주소　서울시 마포구 동교로 43-1 (04018)
전화　02-3141-8301
팩스　02-3141-8303
이메일　info@theforestbook.co.kr
페이스북 · 인스타그램　@theforestbook
출판신고　2009년 3월 30일 제2009-000062호

ISBN 979-11-90357-86-9 03330